Kann nach altländisch-Preußischem Rechte der Vormund eines Minderjährigen aus dessen Vermögen ein Familienfideicommiß errichten, und ev. welche Formen sind zu beobachten, um die Errichtung für den Minderjährigen verbindlich zu machen?

Eine juristische Studie

als Beitrag

zu dem erwarteten Gesetze über das Vormundschaftswesen

von

Heinrich Walter,

Rechtsanwalt und Notar.

Berlin, 1875.

Verlag von J. Guttentag.

(D. Collin.)

Dem

Unter-Staats-Sekretair im Justiz-Ministerium,
Wirklichen Geheimen Ober-Justizrathe

Herrn Dr. Heinrich Friedberg,
Ritter hoher Orden

dankbarst

gewidmet.

Vorwort.

Das Privatrecht weiset eine ansehnliche Reihe eigenthümlich gearteter Vermögensrechte auf, welche die wissenschaftliche Doctrin „höchstpersönliche" zu nennen pflegt. Dieselben haben theils Vermögensverhältnisse zum Gegenstande, welche ein menschliches Bewußtsein und Handeln Seitens des Berechtigten selbst zu ihrer Erhaltung, oder individuelle Willensbestimmung zu ihrer Begründung unmittelbar voraussetzen, als: das Besitzrecht nebst den possessorischen Rechtsmitteln, das Widerrufsrecht bei Schenkungen, die actiones quae vindictam spirant, die testamenti factio und dergl. —, theils betreffen sie solche besondere Verhältnisse, welche Vortheile oder Nachtheile für den leiblichen Menschen bezwecken, wie z. B. alle persönlichen Privilegien oder das Nießbrauchsrecht. Die Zahl dieser Rechte ist bisher ebensowenig ausreichend bestimmt, wie das eigentliche Wesen derselben und ihre besondere Beschaffenheit noch lange nicht hinlänglich aufgeklärt sind. Ihren rechtswissenschaftlichen Namen verdanken diese Rechte lediglich einem sehr äußerlichen Kennzeichen, nämlich dem Umstande, daß sie der Regel nach von der Person des Inhabers nicht getrennt, also auch auf Andere nicht übertragen werden können, sondern beim Tode des Berechtigten mit seiner Person untergehen, erlöschen oder verschwinden, und mithin auch nicht hinterlassen werden können. Das Preußische Landrecht spricht von ihnen als Rechten,

„welche nur der Person, — einem gewissen Stande, — oder Gewerbe anhaften, — ankleben, — oder daran gebunden sind." Welche Rechte aber im Einzelnen darunter verstanden werden sollen, das ist eben die Frage, und gerade mit Bezug auf die meisten dieser Vermögensrechte äußerst zweifelhaft. Soviel steht indessen unbedenklich fest, daß diese Rechte im Allgemeinen weder ihrer Substanz, noch ihrer Ausübung nach cessibel sind, und die darunter begriffenen Befugnisse daher auch der Regel nach nicht durch Stellvertreter geltend gemacht werden können.

Gerade dieses wichtige Moment der Unübertragbarkeit läßt es dringend wünschenswerth, ja geboten erscheinen, sich dieser höchstpersönlichen Rechte in allen denjenigen Fällen recht klar und ernstlich bewußt zu werden, wo die Ausübung von Rechten nicht in ihrer ursprünglichen Gestalt, sondern erst in abgeleiteter Consequenz auftritt, wie bei allen Mandatsverhältnissen, und namentlich bei der Vormundschaft, diesem allergrößten Vollmachtsauftrage, insofern derselbe darauf gerichtet ist, die ganze vermögensrechtliche Persönlichkeit eines Menschen auf eine längere Dauer hin vollständig zu vertreten. Gleichwohl hat der Vormundschaftstitel des Allgemeinen Landrechts dieser „höchstpersönlichen" Rechte nicht Erwähnung gethan, dieselben vielmehr mit Stillschweigen übergangen. Es scheint, als hätten die Verfasser des Landrechts für selbstverständlich gehalten, daß Rechte, welche vermöge ihres Gebundenseins an die Person Anderen überhaupt nicht aufgetragen werden können, eben auch nicht vom Vormunde in Vertretung seiner so berechtigten Mündel ausgeübt werden dürfen. Man hat aber hierbei übersehen, daß das Landrecht diese Rechte gar nicht genau specifizirt und in kein übersichtliches System gebracht hat, nach welchem dieselben richtig und ohne Schwierigkeit möchten erkannt werden können, und daß also aus diesem Grunde die vormundschaftliche Vertretungsbefugniß nach der betonten Richtung hin nicht ausreichend begrenzt, nicht hinlänglich fixirt erscheint. Daß in Wirklichkeit dieser Umstand mangelhafter Normirung schon sehr erhebliche Zweifel verursacht hat, — Zweifel, welche auch in materiell-practischer Hinsicht nicht ohne

Folgen von gewichtiger Tragweite geblieben sein mögen —, beweist der speciell über die Befugniß des Vormundes zur Errichtung von Familienfideicommissen aus dem Vermögen seines Mündels herrschende Rechtsstreit, welcher in widerspruchsvollen Meinungsverschiedenheiten sich gewissermassen verewigt hat. Es erscheint hiernach als eine dringliche Pflicht der Gesetzgebung, der Machtvollkommenheit des Vormundes nach der angedeuteten Richtung hin bestimmte, hinlänglich ersichtliche Grenzen zu ziehen, zweifellos gewisse, unüberschreitbare Schranken zu setzen. Allein auch der zur Zeit dem Herrenhause vorliegende Entwurf eines Gesetzes über das Vormundschaftswesen läßt in der hervorgehobenen Beziehung jede besondere Festsetzung vermissen, so daß auch in Zukunft Streitfragen und Bedenken in dieser Hinsicht sicherlich unausbleiblich sein werden.

Diese Erwägungen haben den Verfasser bestimmt, die vorliegende Arbeit zu veröffentlichen. Sollte es ihm gelingen, damit zur Ausfüllung der bezeichneten Lücke in der Gesetzgebung anzuregen, so hat die Arbeit ihren besten Zweck erreicht und sich in Wahrheit als ein Beitrag zur neuen Vormundschaftsordnung erprobt.

Neurode im Februar 1875.

Der Verfasser.

Inhalts-Verzeichniß.

Einleitung.

§ 1. Wenn es richtig ist, — was nach den neuesten Resultaten rechtsphilosophischer Forschungen übrigens keinem Bedenken mehr unterliegt, — daß den Rechtsverhältnissen immer gewisse Lebensverhältnisse entsprechen, die Rechtsinstitute an bestimmte Lebensinstitute sich anlehnen, kurz, daß das Recht überhaupt in directer oder indirecter Abhängigkeit vom Leben das letztere überall zu seiner nothwendigen Grundlage und Voraussetzung hat: so muß das Recht auch den concreten Bedingungen der Zeit und des Raumes gehörig Rechnung tragen und — in Anbetracht der unendlichen Vielgestaltigkeit der natürlichen Zustände und materiellen Bedürfnisse sowohl deren factische *Unterschiede*, als auch deren besondere *Eigenthümlichkeiten* gebührend anerkennen und berücksichtigen. Das Recht muß deshalb, wenn es das umfangreiche Gebiet seines verschiedenartigen concreten Inhalts annähernd decken und beherrschen soll, auf der einen Seite Klassen machen oder *generalisiren* d. h. das Ungleiche gleich behandeln, um zu Befugnissen oder Regeln dafür aufsteigen zu können, und auf der andern Seite zugleich der Eigenthümlichkeit des Besonderen nachgehen oder *individualisiren* d. h. das Ungleiche anerkennen, um die Befugnisse wieder zu unterscheiden und der Relativität der Verhältnisse anzupassen. Beides hat seine Gefahren, und in der Vermeidung derselben, im glücklichen Treffen der rechten, goldenen Mittelstraße liegt wohl die größte Schwierigkeit für das Recht, aber auch der höchste Triumph seiner Gerechtigkeit. Beim Generalisiren liegt die Gefahr darin, daß durch zu breite Ausdehnung der Gebietsschranken das seiner Natur und Bestimmung nach Verschiedene unter dieselbe Rubrik gebracht und also über einen Kamm geschoren wird, beim Individualisiren darin, daß durch zu strenge, fast bis zur Isolirung verengte Begrenzung der große Sinn des Allgemeinen zersplittert, das Recht kleinlich und durch die Last des Besonderen unfaßbar wird.

Vergl. Arnold, Cultur und Rechtsleben, Berlin 1865. Seite 210. 212 ff.

Gilt dies vom Rechte im objektiven Sinne überhaupt, so gilt es auch ganz besonders und vornehmlich vom Rechte in seiner logischen und begrifflichen Gliederung d. h. von dem bewußten und reflectirten Eingreifen des Rechts auf das wirthschaftliche Leben in Form der Gesetzgebung.

Daß die Verfasser unseres Preußischen Gesetzbuches, des Allgemeinen Landrechts, der durch zu strenge Individualisirung des Rechtsstoffes drohenden Gefahr durchschnittlich nicht entgangen sind, ist leider eine hinlänglich bekannte Thatsache. Doch liegt die Schuld hiervon nicht sowohl an der eigentlichen Ausführung der Codifikation, als vielmehr an den leitenden Motiven ihrer Entstehung. Indem nämlich von der einseitigen Ansicht ausgegangen wurde, daß lediglich Rechtsunkenntniß die Hauptursache des bürgerlichen Unfriedens sei, ist man geflissentlich bestrebt gewesen, nicht — ein in seinen Grundzügen vollständiges, systematisch-übersichtliches, wissenschaftlich durchgearbeitetes Gesetzbuch zu schaffen, sondern — ein allgemeines Lehrbuch, einen juristischen Rathgeber zu schreiben, dessen Inhalt unter ausdrücklicher Verbannung aller technischen s. g. Kunst-Ausdrücke vielmehr durch einen gewissen populären Ton Jedermann verständlich und darum leicht zugänglich sein sollte. Ganz naturgemäß hing mit jener Ansicht nun auch wesentlich das Streben zusammen, womöglich jeden Fall, der zu Streitigkeiten irgend Veranlassung geben könnte, bestimmt vorzusehen und zu entscheiden, mit andern Worten, die Unendlichkeit der verschiedenen einzelnen Fälle zu specifiziren und möglichst zu erschöpfen. Daß dieses Bemühen, über dessen gewissenhafter Verfolgung obendrein ein das Ganze tragender und durchdringender Grundgedanke beinahe gänzlich verloren gegangen, nicht von entsprechenden, ersprießlichen Erfolgen gekrönt, sondern im großen Ganzen sogar ein vergebliches gewesen, ist nur ein neuer unwiderleglich-sprechender Beweis dafür, daß selbst die glänzendste Logik nicht im Stande ist, das Leben zu erschöpfen und im Recht allen Beziehungen desselben nach den verschiedenen Richtungen zugleich gerecht zu werden. Denn ungeachtet der oft bis in das feinste Detail sauber ausgearbeiteten Casuistik, dieses Grundcharakterzuges des Preußischen Landrechts, sind gleichwohl noch eine namhafte Anzahl practisch wichtiger Fälle, welche einer selbstständigen Normirung bedurft hätten, unentschieden geblieben. Diesen durch bestimmte Vorschrift nicht ausdrücklich vorgesehenen Rechtsfragen reiht sich denn auch die interessante Controverse an, deren Beleuchtung Gegenstand der vorliegenden Abhandlung sein soll.

Zwar ist das Gebiet der von dieser Controverse beherrschten concreten Fälle nicht eben von bedeutendem Umfange, die practische Bedürfnißfrage also nicht gerade von besonderer Erheblichkeit. Allein nicht minder spärlich, mangelhaft und offenbar unzulänglich sind auch andererseits die allgemeinen rechtlichen Principien, welche für die Entscheidung entweder als sichere Stütz- und Anhalte-Punkte geeignet oder doch wenigstens in dem Maaße verwendbar sein möchten, daß auf Grund derselben — vielleicht mit Hilfe einer Beweisführung durch Abstraction oder Analogie — die zweifelhafte Rechtsfrage ihrer richtigen Lösung bis zu durchsichtiger Klarheit befriedigend nahe gebracht werden könnte. Kein Wunder daher, daß die juristische Literatur hier äußerst gering ist, daß die Rechtswissenschaft sich höchst selten und in der Regel nur unzureichend mit der unfruchtbaren Controverse beschäftigt hat, und daß, wo sie es einigermaßen eingehender gethan, die Meinungen über vollständige oder theilweise Bejahung beziehentlich Verneinung der Frage meist außerordentlich getheilt sind, ja oft in wesentlicher widerspruchsvoller Verschiedenheit weit auseinander gehen. Indeß, je spärlicher und unergiebiger sich die literarischen Hilfsquellen erweisen, von denen nur Koch's Kommentar zum A. L. R. und „Dr. William Lewis, das Recht des Familienfideicommisses“

dem Verfasser zu Gebote gestanden, — je öder und unfruchtbarer im Allgemeinen das wissenschaftliche Gebiet erscheint, welchem die Aufgabe angehört, in desto höherem Maaße steigert sich der Werth und die Verdienstlichkeit der Arbeit. Der Verfasser ist von dem aufrichtigen Streben erfüllt gewesen, bei Prüfung und Beurtheilung der Controverse mit peinlicher Genauigkeit, ja fast pedantischer Gründlichkeit zu verfahren, und dem neu gefundenen Grundsatze durch die gebieterische Gewalt überzeugender Gründe eine möglichst allgemeine Anerkennung zu erzwingen, um für die dem Herrschaftsbereiche der Controverse unterworfenen practischen Fälle unter Beseitigung der bisherigen Schwankungen eine endgiltige, sichere, einheitliche Behandlung herbeizuführen. Sollte gleichwohl dem Verfasser seine Aufgabe nicht durchgehends geglückt und sein ernster Wille eben nur ein bescheidener Versuch geblieben sein, so rechnet er, namentlich mit Rücksicht auf die hervorgehobenen Bedenklichkeiten des Unternehmens, auf die Nachsicht und das Wohlwollen seiner Leser.

Systematische Vorbemerkung.

§ 2. Die Aufgabe zergliedert sich, wie schon der bloße Augenschein lehrt, in zwei Hauptbestandtheile: eine principale und eine eventuelle Frage liegen uns zur Beantwortung vor. Die erstere, die Hauptfrage, gehört dem materiellen Rechte an. Sie will wissen, ob der Vormund nach der gefragten Richtung hin gesetzlich befugt sei oder nicht, resp. ob die vormundschaftliche Gewalt sich gesetzlich so weit erstrecke. Die zweite, die eventuelle, ist eine Zusatzfrage und dem Gebiete des formellen Rechtes untergeordnet. Sie setzt die Bejahung der principalen Frage als unerläßliche Bedingung einer berechtigten Existenz voraus. Sie ist ihrem inneren Wesen und ihrer practischen Bedeutung nach durchaus von Bejahung jener Frage abhängig, und will für diesen Fall in Erfahrung bringen, welche Formen nach den Gesetzen erforderlich sind, um die durch Ausübung jener fraglichen vormundschaftlichen Befugniß im Vermögen des Pflegebefohlenen hervorgebrachten Veränderungen für diesen letzteren rechtlich wirksam und verbindlich zu machen. Sie zerfällt als müßiges Postulat in sich selbst, sobald eben die ihr lediglich Leben und Werth verleihende Prinzipalfrage verneint wird. Vorderhand haben wir es also vornehmlich mit der

Hauptfrage

zu thun:

Kann nach altländisch-Preußischem Rechte der Vormund eines Minderjährigen aus dessen Vermögen ein Familienfideicommiß errichten?

Präcisirung der Frage.

a. Wortanalyse.

§ 3. Wie jeder wissenschaftlichen Besprechung, wenn sie anders erfolgversprechend sein soll, nothwendig eine gehörige Präcisirung des Themas vorangehen muß, so wird es auch hier vor Allem geboten erscheinen, die Controverse in ihren einzelnen Wortzeichen, soweit dieselben Vieldeutigkeiten enthalten möchten und darum zu Mißverständnissen leicht Veranlassung geben könnten, zu analysiren, alles Zweifelhafte auszuscheiden, durch bestimmte, unzweideutige Ausdrücke zu ersetzen und so Sinn und Bedeutung in unverrückbar feste Grenzen des Gedankens zu bannen.

Der Ausdruck: „altländisch-Preußisches Recht" soll das Thema in territorialer Hinsicht begrenzen. Er führt uns zur Bestimmung desjenigen nationalen oder particulären Rechtes, innerhalb dessen Sphäre die Beurtheilung der Controverse sich bewegen und deren Entscheidung erfolgen soll. Wie schon in der Einleitung angedeutet worden, soll hier unter „altländisch-Preußischem Rechte" das heutige, den altländisch-Preußischen Provinzen gemeinsame Recht verstanden werden, im Gegensatze zu dem französischen Rechte eines Theiles der Rheinprovinz und namentlich zu dem particularistischen Rechte der verschiedenen durch die Gesetze vom 20. September und 24. Dezember 1866 mit der Preußischen Monarchie vereinigten neuerworbenen Landestheile, mit andern Worten also das Preußische Allgemeine Landrecht einschließlich der zusätzlichen für das Geltungsgebiet desselben nachträglich ergangenen, abändernden oder ergänzenden gesetzlichen Bestimmungen. Das Allgemeine Landrecht hat nämlich in den alten Provinzen bis auf sehr vereinzelte, unbedeutende und örtlich scharf begrenzte Ausnahmen als allein entscheidende Rechtsquelle verbindliche Kraft, gesetzliche Autorität. Es gilt dies namentlich und ausnahmelos im Bereiche des öffentlichen Rechtes, und also auch für die vorliegende Controverse, insofern dieselbe in überwiegendem Maaße staatsrechtlicher Natur ist und darum weit berechtigter und correcter unter das jus publicum zu rubriziren sein dürfte, als unter das eigentliche jus privatum. Denn beide Institute, sowohl das der Familienfideicommisse als namentlich das der Vormundschaft, sind, der neueren Rechtsanschauung entsprechend, heutzutage entschieden zur Mehrzahl aus solchen Regeln und Befugnissen zusammengesetzt, welche näher das Gemeinwesen als solches angehen, einflußreicher den staatlichen Organismus berühren, als die Rechtssphäre des einzelnen Privaten — ad statum reipublicae perinde spectant atque ad utilitatem privatorum.

Es ist ferner wohl selbstverständlich und bedarf kaum eines erläuternden Commentars, daß „Können" hier gleichbedeutend sein soll mit: dürfen, rechtlich befugt oder berechtigt sein — eine Bedeutung, welche nach dem gemeinen Deutschen Sprachgebrauche durchaus zulässig erscheint und im gewöhnlichen bürgerlichen Leben gäng und gäbe ist. Im Kreise rechtswissenschaftlicher Abhandlungen oder juristischer Referate, in denen es sich um Erörterung und Feststellung subjectiver Rechte handelt, tritt das „Können" im Sinne physischen Vermögens, factischer Gewalt, vor jener hehreren Bedeutung des Befugtsein in den Hintergrund, und kommen hier physische Möglichkeiten oder factische Machtverhältnisse nur insoweit in Betracht, als dieselben geschickt sein können, gewissen rechtlichen Herrschaftsverhältnissen als thatsächliche Substrate zur nothwendigen Grundlage oder Voraussetzung zu dienen.

Die Aufgabe soll sich also mit dem Umfange oder der Tragweite der vormundschaftlichen Gewalt nach der angegebenen Richtung hin beschäftigen; es soll von einer einzelnen rechtlichen Befugniß, als einem Ausflusse oder integrirendem Bestandtheile der mit der vormundschaftlichen Bestallung im Allgemeinen verliehenen Machtvollkommenheit d. h. also von einem subjectiven persönlichen Rechte des Vormundes als solchem gehandelt und die Frage beantwortet werden, ob diese Befugniß vom Rechte anerkannt und unterstützt wird oder nicht, mit anderen Worten, ob sie eine gesetzlich begründete Existenz hat oder nicht. Um nun das Vorhandensein dieser Befugniß, beziehentlich deren rechtliche Möglichkeit, unabhängig von allen mittelbaren oder unmittelbaren

Beziehungen zum Sachlichen, frei von jeglicher Beeinflussung durch das juristische oder practische Object, zu erkennen und zu würdigen, muß nothwendig auch Alles dasjenige, was der dinglichen Rechtssphäre angehört und für die Beurtheilung des Persönlichen an sich hier vollständig unerheblich sein würde, soweit als vorhanden vorausgesetzt werden, als dies die Gesetze zur wirksamen Ausübung jener Befugniß für erforderlich erachten. Es soll daher insbesondere als feststehend angenommen werden, daß das betreffende Pupillenvermögen, in Ansehung dessen das Vorhandensein resp. die Ausübung der fraglichen Befugniß als zu Recht oder nicht zu Recht bestehend beurtheilt werden soll, alle diejenigen Eigenschaften besitzt, welche die Gesetze zur Verwandlung desselben in Familienfideicommißgut vorschreiben, oder mit anderen Worten, daß besagtes Vermögen an sich ein für eine Familienfideicommißstiftung gesetzlich geeignetes Objekt repräsentirt.

Unter „Minderjähriger" soll hier jeder wegen fehlenden Alters Handlungs- und Geschäfts-Unfähige verstanden werden, welcher in Ermangelung seines natürlichen gesetzlichen Vertreters, des Vaters, lediglich dieserhalb bevormundet ist, weil er noch nicht das gesetzliche Alter der Volljährigkeit erreicht hat, und zwar ohne Unterschied des Geschlechtes und der verschiedenen Altersabstufungen der Kindheit, Unmündigkeit und Mündigkeit.

Es erübrigt endlich noch, die Begriffe, „Vormund" und „Familienfideicommiß" eingehender zu erötern und genauer zu bestimmen. Die gewissenhafte, sachgemäße Ergründung und vorurtheilslose, regelrechte Auffassung dieser beiden Begriffe bedingt wesentlich die richtige Entscheidung der ganzen Frage. Bevor daher an die Beantwortung der Frage selbst mit einiger Aussicht auf Erfolg gegangen werden kann, wird es überhaupt unerläßlich sein, zuvor in das Wesen der Institute der Vormundschaft und des Familienfideicommisses im Allgemeinen nach Preußischem Landrechte tiefer einzudringen, und hierbei namentlich auf die Stellung des Vormundes als Verwalter des Pupillenvermögens, sowie auf die Bedingungen der persönlichen Befähigung zur Errichtung eines Familienfideicommisses insbesondere, ein scharfprüfendes, kritisches Augenmerk zu richten. Allein von so weiten Gesichtspunkten aus betrachtet charakterisiren sich diese Erörterungen schon als ein specieller, gewissermaßen vorbereitender Abschnitt der eigentlichen Abhandlung. Es wird daher dieser Abschnitt mit Recht weiter unten an geeigneter Stelle seine ausführliche Erledigung finden müssen.

Nach dieser vorgängigen näheren Bestimmung der einzelnen Wortbezeichnungen der aufgestellten Hauptfrage erscheint dieselbe, im Ausdrucke präciser gefaßt, in folgender Gestalt:

> Ist nach Preußischem Landrecht der Vormund befugt, aus dem an sich zur Verwandlung in Familienfideicommißgut gesetzlich geeigneten Vermögen seines wegen Minderjährigkeit von ihm bevormundeten Pflegebefohlenen ein Familienfideicommiß zu errichten?

Zur Vermeidung der häufig wiederkehrenden, weitläufigen Umschreibung: „an sich zur Verwandlung in Familienfideicommißgut gesetzlich geeignet" soll das in Rede stehende Vermögen künftig im weiteren Verlaufe der Untersuchung kurzweg als parates Vermögen bezeichnet werden.

b. Sachanalyse.

§ 4. Wie nach neuerem Römischen Rechte die amtliche Thätigkeit des Tutors auf ein doppeltes Ziel gerichtet gewesen, insofern nämlich derselbe, je nachdem sein Pflegling noch infans war oder die infantia bereits überschritten hatte, entweder diesen ganz und gar vertreten mußte — negotia pupilli gerere, oder nur berufen war, bei freien selbstständigen Handlungen des Mündels die mangelnde juristische Persönlichkeit desselben durch seinen Entschluß, durch sein Vollwort zu ergänzen — auctoritatem interponere, um dadurch die Handlungen des Mündels rechtsverbindlich zu machen: so äußert sich auch in ganz derselben Weise nach Preußischem Landrechte der Wirkungskreis des Vormundes in gedachter doppelter Gestalt, nur mit dem Unterschiede, daß hier die beiden Richtungen der vormundschaftlichen Thätigkeit, auch nachdem bereits der Pflegebefohlene die infantia überschritten, noch gleichzeitig auftreten und ohne Rücksicht auf die weiteren Altersabstufungen bis zur Beendigung der Vormundschaft — wenige Ausnahmen abgerechnet — völlig ungehindert neben einander bestehen können.

Aus dem fortschreitenden Bedürfnisse des practischen Lebens sowie der zunehmenden Entwickelung der Verkehrsverhältnisse entspringend und bedingt durch die damit eng zusammenhängende, früher zum Selbstbewußtsein erwachende Lebensäußerung der Tuenden, findet diese Doppelrichtung der vormundschaftlichen Thätigkeit in sich selbst immer mehr ihre thatsächliche und rechtliche Begründung. Das Recht, welches dem wirthschaftlichen Leben der Völker sich nicht entfremden, sondern dessen Spuren nachdrücklich verfolgen soll, muß sie schlechterdings anerkennen und unterstützen. Daß das Preußische Landrecht hier keine abwegige Ausnahme gemacht hat, dafür liefert die einfache Zusammenfassung resp. Gegenüberstellung der nachfolgenden gesetzlichen Bestimmungen den zutreffenden Beweis.

Theil I Titel 4:

§ 20. Alle Willenserklärungen der Kinder, welche das siebente Jahr noch nicht zurückgelegt haben, sind nichtig.

§ 21. Willenserklärungen der Unmündigen, welche das vierzehnte Jahr noch nicht zurückgelegt haben, sind nur insofern gültig, als sie sich dadurch einen Vortheil erwerben.

§ 22. Sind mit dem Vortheile, den ein solcher Unmündiger durch seine Willensäußerung erwerben soll, zugleich Pflichten und Lasten verbunden, so erlangt die Willenserklärung ohne Einwilligung seines Vorgesetzten keine rechtliche Wirkung.

Ferner Theil I Titel 5:

§ 10. Verträge, wodurch unfähige Personen verpflichtet werden sollen, müssen durch die im Gesetze oder vom Richter ihnen bestellten Vormünder geschlossen werden.

§ 11. Soll eine Person, welche durch Willenserklärungen nur Vortheile zu erwerben fähig ist, durch einen von ihr geschlossenen Vertrag zugleich Lasten übernehmen, so hängt die Gültigkeit des ganzen Vertrages von der vormundschaftlichen Genehmigung ab.

Endlich Theil II Titel 18:

§ 247. Der Pflegebefohlene kann sich, ohne Zuthun des Vormundes, einem Dritten nicht verpflichten.

§ 250. Aus Handlungen, welche der Vormund für sich allein ohne den Beitritt des Pflegebefohlenen unternimmt, entstehen für Letzteren, gegen einen Dritten, Rechte und Pflichten nur insofern, als der Vormund ausdrücklich in dieser Eigenschaft die Handlung vollzogen — — — hat.

Inhalts dieser gesetzlichen Bestimmungen werden die handlungsunfähigen Personen zum Theil als solche hingestellt resp. aufgefaßt, welche aus eigenem Antriebe und freier Willensbestimmung Handlungen mit rechtsverbindlicher Wirkung vornehmen können, sobald nur „das Zuthun des Vormundes" nicht mangelt, oder sobald nur „die Einwilligung, Genehmigung des Vorgesetzten" hinzutritt. In diesem Falle verhalten sich also die Unfähigen vollkommen activ, sie sind selbst die Handelnden, die Contrahenten, und der Vorgesetzte heißt nur gut, was sie freiwillig gethan und vereinbart haben. Auf der andern Seite aber werden sie vom Gesetz wiederum in völlig leidendem Zustande betrachtet und so angesehen, als ob sie lediglich zu einer abwartenden Passivität bestimmt wären, in welchem Falle der Vorgesetzte sie ganz und gar vertritt, für sie und Namens ihrer, ganz unabhängig — „für sich allein" § 250 cit. — und ohne Rücksichtnahme auf ihren eigenen Willen — „ohne ihren Beitritt" § 250 cit. — Rechtshandlungen in freier Initiative vornimmt und in Vollzug setzt. Die angedeutete Doppelrichtung der vormundschaftlichen Thätigkeit, auf der einen Seite: das völlig selbstständige Handeln des Vormunds für den Pflegling mit freier uneingeschränkter Initiative, auf der andern Seite: das bloße Gutheißen, Bevollworten der eigenen freien Handlungen seines Pfleglings, ist also, wie aus den vorstehenden Anführungen und Betrachtungen klar erhellt, durch die allegirten, wohl unterscheidenden Vorschriften des Landrechts vorsorglich befürwortet und darum für hinlänglich anerkannt zu erachten. Bei dieser Gelegenheit darf man jedoch nicht übersehen — und der Hinweis hierauf gerade an dieser Stelle erscheint von nicht zu unterschätzender Bedeutung —, daß die Vorschriften der landrechtlichen Vormundschaftsordnung die freie Wahl des Vormundes zwischen den beiden Alternativen seiner amtlichen Thätigkeit nicht blos durch das zufällige Zuvorkommen eines eigenen Handelns Seitens des Mündels paralysiren, sondern in gewissen Fällen auch ausdrücklich dadurch beschränken, daß sie gegen manche in willkürlicher Initiative unbehindert ergriffene Maßregeln des Vormundes dem Pflegebefohlenen eine völlig selbstständige Willensäußerung, in Form eines Widerspruchsrechtes, — in einem Falle sogar mit entscheidender Wirkung — gestatten.

Vergl. Theil II Titel 18 § 244 ff. §§ 560, 561, 728 ff.

Hiernach ist also den Pflegebefohlenen einerseits die freie Initiative des Handelns unbenommen, in welchen Fällen dann die Machtvollkommenheit des Vormundes eben nicht weiter reicht, als zu solchen freien Handlungen des Mündels sein Vollwort entweder zu ertheilen oder zu versagen, wogegen ein weiteres, selbstständig auftretendes Handeln des Vormundes in diesen Fällen entschieden unstatthaft, ja auch nur die Möglichkeit einer solchen Annahme durch die Natur der Sache unbedingt ausgeschlossen erscheint. Andrerseits ist das selbstständige Handeln des Vormundes wiederum in gewissen Fällen dem Widerspruchsrechte des Pflegebefohlenen unterworfen resp. dadurch eingeschränkt. Ob die Ausübung dieses Widerspruchsrechtes die Nichtigkeit der betreffenden Handlung des Vormundes erwirkt — § 561 cit., oder, wie dies in der Regel zu geschehen pflegt, die Rechtsverbindlichkeit der Handlung an sich zwar bestehen läßt, jedoch dem Mündel Regreßansprüche sichert, ist für die hier beabsichtigte Schlußfolgerung völlig irrelevant. Denn hier genügt es lediglich, zu constatiren, daß die betonten beiden Richtungen der vormundschaftlichen Thätigkeit unter gesetzlicher Zustimmung bestehen, daß sie jedoch nicht immer in freier Wahl der Alternativen und unbeschadet ihrer lauteren Wirksamkeit ausgeübt werden können. So oft also nach einer bestimmten Befugniß des Vormundes zum Handeln in dieser seiner amtlichen Eigenschaft gefragt wird, erscheint es auch dringend geboten, beide angedeutete Richtungen vormundschaftlicher Bethätigung als unter der Frage begriffen zu erachten und beide mit gleicher Sorgfalt prüfend ins Auge zu fassen. Demgemäß zergliedert sich, wie die ganze Controverse, so auch unsere oben präcisirte Hauptfrage in zwei Theilfragen, die jedoch diesmal von einander minder abhängig sind, nämlich:

1. Ist der Vormund für sich allein, ohne Zuziehung seines Pflegebefohlenen, vielmehr in Ausübung einer freien Initiative, befugt, aus dem paraten Vermögen seines Mündels ein Familienfideicommiß zu errichten?
2. Ist der Vormund befugt, die Stiftung eines Familienfideicommisses, welches sein Mündel in freier Selbstbestimmung aus seinem paraten Vermögen errichtet hat, durch sein Vollwort zu einer rechtsverbindlichen zu machen?

Eigentliche Abhandlung.

1. Erste Theilfrage.

Hiermit sind wir auf dem Gebiete der eigentlichen Abhandlung angelangt, und untersuchen innerhalb desselben zuvörderst in einem vorbereitenden Theile den landrechtlichen Charakter der beiden in Betracht kommenden Rechtsinstitute, der Vormundschaft und des Familienfideicommisses, in seinen Grundzügen, soweit solche für die Entscheidung unserer Controverse von Belang sein können.

A. Vorbereitender Theil. Allgemeine Charakteristik

a. Der Vormundschaft.

§ 5. Vormund wird Derjenige genannt, welchem der Staat die Sorge für solche Personen, die nicht mehr unter väterlicher Gewalt, aber sich selbst vorzustehen noch nicht im Stande sind, in Ansehung aller ihrer Angelegenheiten aufgetragen hat.

§ 33 Tit. 1 Th. I, §§ 1, 2, 3 Tit. 18 Th. II A. L. R.

Nach diesem Principe hat die Vormundschaft aufgehört, ein Familienrecht zu sein: sie ist zu einer öffentlichen Pflicht, zu einem munus plubicum, zur Staatsanstalt geworden, wonach sie auch in der äußeren Anordnung des A. L. R. ihre Stelle entsprechend im Titel 18 Theil II erhalten hat. Unter wesentlicher Abschaffung der traditionellen, ursprünglichen Vorstellung des Römischen Rechtes, wonach der Vormund Stellvertreter der

Familie gewesen, macht das Allgemeine Landrecht den Vormund zu einem Bevollmächtigten oder Agenten Desjenigen, der eigentlich die juristische Persönlichkeit des Handlungsunfähigen zu ergänzen berufen ist, d. h. der vormundschaftlichen Staatsbehörde: diese ist also der eigentliche, wahre Vormund, welcher sich des sogenannten Vormundes als Agenten bei den vorzunehmenden Handlungen zu bedienen pflegt.

Vergl. § 235, Tit. 18 cit., § 232 Tit. 12 Th. I A. L. R., ferner Rescript des Justizministers v. 4. Januar 1842, worin ausgeführt wird, daß die Vormundschafts-Gerichte die Vormünder als Bevollmächtigte wählen, dem Vollmachtgeber aber freistehe, die übertragenen Befugnisse selbst auszuüben. (J. M. Bl. pro 1842 S. 22 ff.)

Diese Ansicht wird auch durch folgenden Ausspruch Suarez's, welcher über die bei Abfassung der gesetzlichen Vorschriften über Vormundschaften leitend gewesenen Gesichtspunkte in seinen Schlußvorträgen einen ausführlichen Bericht liefert, vollkommen bestätigt. Er sagt dort nämlich mit Bezug auf die vormundschaftliche Vermögensverwaltung wörtlich: „Das Gesetzbuch betrachtet den Vormund nicht als einen bloßen Privatadministrator eines fremden Vermögens, sondern als einen Bevollmächtigten oder Beamten des Staates, welcher der Obrigkeit in Ansehung seiner ganzen Verwaltung subordinirt und ihr davon die genaueste Rechenschaft zu geben verbunden ist."

Siehe Jahrbücher Bd. 41, S. 184; vergl. auch Wilhelm Arnold, Cultur und Recht der Römer. Berlin, 1868. S. 386, 387, 397 ff.

Diese Auffassung, wonach der nach der Natur des Verhältnisses wesentlich nur zur Aufsicht berufenen Vormundschaftsbehörde eine selbstständig handelnde Gewalt, gewissermaßen das Principat der Geschäfte, zugeschrieben werden möchte, während dem Vormunde nur eine nicht nothwendig mit seiner Person verbundene Agentur vorbehalten bliebe, ist zwar in ihrer strengen Durchführung durch eine zum Rechtsbewußtsein erwachte, umsichtige, ausgleichende Praxis allmälig gemildert und in ihren nicht selten mit sich selbst in Widerspruch gerathenden, ja oft sogar ganz unvereinbarlichen Consequenzen mannigfach eingeschränkt, und in die rechte Bahn zu lenken versucht worden.

Vergl. insbesondere Plenar-Beschl. (Pr. 1758) des Obertr. vom 22. Juni 1846 (Entsch. Bd. 13 S. 12); Erk. d. Obertr. vom 19. Juli 1845 (Entsch. Bd. 12 S. 512); Erk. d. Obertr. vom 13. Juli 1860 und 26. Oktober 1868 (Arch. f. Rechtsf. Bd. 38 S. 176 und Bd. 75 S. 9).

Allein dieser Umstand benimmt dessenungeachtet dem Institute im Principe nicht den angedeuteten wesentlichen Charakter der Staatsanstalt, des munus publicum. Der Vormund bleibt vielmehr nach Pr. Landrecht immerhin der verantwortliche Bevollmächtigte der controlirenden Staatsbehörde, von welcher er sein Mandat ableitet, wenn auch nicht in dem streng privatrechtlichen oder civilrechtlichen Sinne des Wortes, wie es eine ganz unwissenschaftliche und unsachgemäße Auffassung aus dem § 235 cit. zu folgern bemüht gewesen.

Daß durch dieses dem Staate vindizirte Uebergewicht im practischen Erfolge nicht nur der Einfluß der Familie auf die Vormundschaft — bis auf einzelne Ausnahmen — im Ganzen gebrochen, sondern der Vormund selbst in eine untergeordnete und bei allen Schritten abhängige Stellung gedrängt worden, ist hiernach unschwer einzusehen, und heutzutage eine ebenso allgemein anerkannte Thatsache, wie das Bestreben der neueren Gesetzgebung, den Schwerpunkt vormundschaftlicher Verwaltung wieder in die Person des Vormundes zu verlegen und die Thätigkeit der Staatsbehörde auf ein bescheidenes Oberaufsichts-Maaß zu beschränken.

Vergl. Erläuterungen zu dem Entwurf eines Gesetzes über das Vormundschaftswesen, Drucks. des Herrenh. pro 1874—1875 Nr. 7, S. 33, 34, 37, 38.

§ 6. Der einzige Zweck der Vormundschaft besteht darin, das körperliche und moralische Wohl des unfähigen und darum schutzbedürftigen Pflegebefohlenen nach allen Richtungen hin zu befördern: hierauf muß daher auch das Hauptstreben des Vormundes gerichtet sein. Die gesammten Pflichten und Befugnisse des Vormundes dürfen demnach auch nicht weiter reichend gedacht werden, als es eben nöthig erscheint, diesen alleinigen Zweck überall mit Nachdruck zu betreiben und mit Erfolg durchzusetzen. Wie die Vorstellung von dem „Wohle" des Pfleglings in räumlicher Beziehung die gehörige Grenze vorschreibt, so wird in zeitlicher Ausdehnung durch minor aetas der Machtvollkommenheit des Vormundes die nothwendige Schranke gesetzt. (Vergl. § 695 Tit. 18, Th. II.)

In Beziehung auf die Pflegebefohlenen vertreten demgemäß die Vormünder zunächst die Stelle der Eltern, deren Hauptsorge schon nach natürlichen Gesetzen ja ebenfalls ausschließlich auf das geschäftige Bemühen zurückzuführen ist, das Wohl ihrer Kinder bis zu deren Selbstständigkeit nach Möglichkeit zu befördern. In Ansehung des Vermögens erstreckt sich die Sorge des Vormundes auf die Sicherstellung und Erhaltung, auf die ordentliche wirthschaftliche Administration, und auf die Verbesserung desselben.

§§ 231, 232 ff. 240 Tit. 18 Th. II A. L. R.

Wie der Vormund ferner im Allgemeinen verpflichtet wird, auf die Angelegenheiten seiner Pflegebefohlenen denjenigen Grad von Aufmerksamkeit zu verwenden, den ein ordentlicher Hausvater in seinen eigenen Angelegenheiten gewöhnlich beobachtet — § 275 loc. cit, so ist er auch insbesondere bei Verwaltung des Vermögens der Pflegebefohlenen schuldig und befugt, alles zu thun und zu besorgen, was einem guten Hauswirthe in Ansehung seines eigenen Vermögens obliegt; in so fern er darunter durch ausdrückliche Gesetze, durch den Willen des Erblassers, und durch besondere richterliche Verordnungen nicht eingeschränkt ist. — § 438 loc. cit. —

Die gesetzliche Bestimmung dieses § 438 enthält das Princip über den Inhalt und Umfang der Ermächtigung des Vormundes, während die weiteren Vorschriften der folgenden §§ 439 bis 646 der Vormundschaftsordnung nur Ausführungssätze enthalten, welche theils blos instructiv sind, ohne die Giltigkeit der ausgeführten Geschäfte selbst zu bedingen, theils aber auch allgemeine, selbst Dritte bindende Bestimmungen über die Rechtsgiltigkeit der durch den Vormund unternommenen oder vollzogenen Handlungen überhaupt begreifen, wie z. B. die Vorschriften über die Veräußerung von Grundstücken § 501 ff., über Vergleiche § 521, über Erbschaftsantretung § 550 ff., über Prozeßführung § 643 ff. —

Inwiefern und inwieweit einzelne dieser specielleren Ausführungssätze unter gründlicherer Erörterung in den engeren Rahmen dieser Abhandlung zu ziehen sein werden oder nicht, bleibt der weiter unten erfolgenden, kritischen Beurtheilung der Controverse selbst vorbehalten. Vorläufig wird die entworfene, allgemeine Charakteristik des Institutes der Vormundschaft nach Pr. Landrechte ausreichen, um in Gemeinschaft mit der sogleich anschließenden, eingehenderen Beleuchtung des Institutes des Familienfideicommisses für die Inangriffnahme der eigentlichen Beantwortung der Controverse als sicherer, fundamentaler Ausgangspunkt zu dienen.

Sehen wir uns also auf dem erwähnten, zweiten Beobachtungsfelde um und versuchen wir zu erforschen, was nach Preußischem Landrechte ein Familienfideicommiß sei!

b. Des Familienfideicommisses.

§ 7. Das Institut der Familienfideicommisse ist von Alters her. Schon zu den Zeiten der Römer ist man darauf bedacht gewesen, Vorkehrungen zu treffen, vermöge deren gewisse Güter von Belang in einer und derselben Familie mit gesetzlicher Zwangsnothwendigkeit von Generation zu Generation vererbt werden könnten, um dadurch den Glanz und das Ansehen einer solchen Familie zu erhöhen oder doch den Wohlstand derselben bis zum völligen Aussterben möglichst unverändert zu erhalten. Obwohl das Institut bei den Redactoren des A. L. R. aus volkswirthschaftlichen Gründen sich keiner besonderen Gunst erfreute, ist es schließlich doch unter dem Namen: „beständige Familienfideicommisse" in das Preußische Landrecht aufgenommen und daselbst in einigen besonderen Abschnitten des vierten Titels des II. Theils, welcher die sogenannten „gemeinschaftlichen Familienrechte" zum Gegenstande hat, ziemlich gründlich, indeß unter offenbarer Beschränkung gegenüber der bisherigen gemeinrechtlichen Praxis, behandelt worden.

Nach Preußischem Rechte versteht man nun unter „Familienfideicommiß" eine Stiftung, deren wesentlicher factischer Bestandtheil entweder ein freies Landgut oder ein Capital, beides von einer bestimmten Größe, sein muß, welches vom Stifter dergestalt einer bestimmten Familie gewidmet ist, daß sich das Obereigenthum bei dieser befindet, das ungetheilte nutzbare Eigenthum aber nach einer bestimmten Successionsordnung auf ein in der Regel agnatisches Mitglied der Familie vererbt wird. Zur Errichtung eines beständigen Familienfideicommisses ist also nach A. L. R. eine Anordnung, eine Disposition erforderlich, inhalts deren das Eigenthum des Guts der Familie als solcher übertragen, bestimmten Familienmitgliedern ein unbedingtes Recht auf die Succession und dem Besitzer nur die Rechte eines nutzbaren Eigenthümers eingeräumt werden.

Siehe §§ 525, 532, 533 Tit. 12 Th. I, §§ 23, 24, 47 ff., insbesondere §§ 72, 73 Tit. 4 Th. II A. L. R., Erk. des Obertr. vom 4. October 1854 (Arch. f. Rechtsf. Bd. 15, S. 60, 65.)

Wie schon aus dieser allgemeinen Begriffsbestimmung oder Umschreibung unschwer zu ersehen, ist also der Wille des Stifters die eigentliche Grundlage jedes Familienfideicommisses. Dieser Wille muß natürlich geäußert sein. Der Stifter muß nicht nur über das Schicksal bestimmter Vermögensobjecte verfügen wollen, sondern diese Absicht muß er auch erklärt haben. Von dieser Willenserklärung hängt sowohl die Existenz des Familienfideicommisses, als seine besondere Beschaffenheit ab: sie ist demnach das wesentlichste Requisit einer Familienfideicommißstiftung. Ihm reihen sich an die anderen, kaum minder bedeutenden Requisite eines qualifizirten „Objectes," einer besonderen „Form" und einer bestimmten „Successionsordnung." Indem wir das Erforderniß eines qualifizirten „Objectes" hier gänzlich außer Acht lassen können, weil dieses sachliche Moment, wie schon oben (§ 3) angedeutet, den Inhalt und Werth der gestellten Frage in keiner Weise zu beeinflussen geeignet ist, und indem wir ferner von der vorgeschriebenen „Form" und „Successionsordnung" wenigstens vorläufig als unerheblich absehen wollen, sind wir in der Lage, uns zunächst nur mit der „Willenserklärung" des Stifters befassen zu dürfen. Wir gelangen eben dadurch in medias res, zu dem, was unsere Aufgabe hauptsächlich und vornehmlich interessirt, nämlich zur Erkenntniß der persönlichen Fähigkeit zur Errichtung eines Familienfideicommisses.

§ 8. Der schöpferische eigenartige Wille des Stifters ist die Basis, das schaffende und gestaltende Grundelement des Familienfideicommisses. Mit Recht bemerkt schon Knipschildt, de fideicommissis familiarum III n. 1: causa efficiens fideicommissorum nobilium familiarum conservandarum causa constitutorum est ipsa fideicommittentis seu instituentis voluntas. Dieses Axiom mit seinen mittelbaren und unmittelbaren Consequenzen wird nicht nur vom Preußischen Rechte, sondern von allen positiven Rechten übereinstimmend anerkannt und aufgestellt. Die Rechtsbeständigkeit eines Familienfideicommisses ist also zunächst von der allgemeinen Rechtsgiltigkeit der Willenserklärung, durch welche das Fideicommiß begründet werden soll, abhängig. Der Erklärende, der Stifter muß demnach handlungsfähig sein, und, da bei Errichtung eines Familienfideicommisses stets über Vermögensobjecte Bestimmung getroffen wird, über sein Vermögen Verfügungsbefugniß haben. Denn, soll eine Willenserklärung rechtliche Wirkung hervorbringen, so muß der Erklärende über den Gegenstand, nach dem Inhalte seiner Erklärung, zu verfügen berechtigt sein und das Vermögen besitzen, mit Vernunft und Ueberlegung zu handeln. §§ 2, 3. Tit. 4 Th. I A. L. R.

Unter diesen allgemeinen Voraussetzungen ist „jedem Einwohner des Staates erlaubt, in seinem Vermögen nach eigenem Gutbefinden Fideicommiß-Substitutionen, nach näherer Bestimmung des Titels von letztwilligen Verordnungen, auch zum Besten einer gewissen Familie — mit rechtlicher Wirkung — zu errichten." § 47 Tit. 4, Th. II A. L. R.

Außer diesen angegebenen, allgemeinen rechtlichen Bedingungen, ohne welche überhaupt eine rechtsgiltige Willenserklärung nicht bestehen kann, bedarf jedoch die Willenserklärung, welche zur Begründung eines Familienfideicommisses geschickt sein soll, noch nach zwei Richtungen hin einer genaueren Bestimmung, einer schärferen Begrenzung. Zuvörderst muß die betreffende Aeußerung eine Privatdisposition, im Gegensatze zur s. g. autonomischen Satzung, sein, um auf diese Weise das Familienfideicommiß von dem auf autonomischen Bestimmungen beruhenden Rechte der Stammgüter und dem zumeist auf altes Herkommen sich gründenden Güterrechte des hohen Adels zu unterscheiden, da zwischen beiden Instituten sehr wesentliche Verschiedenheiten bestehen. Sodann muß die betreffende Willenserklärung eine ausdrückliche sein. Dies soll jedoch nicht im strengsten Sinne des Wortes, also nicht etwan lediglich dahin verstanden werden, als ob der Stifter unter allen Umständen verpflichtet sei, wörtlich d. h. expressis verbis anzugeben, er wolle ein „Familienfideicommiß" gründen: vielmehr wird es vollkommen genügen, wenn aus der Verfügung des Stifters seine auf den angegebenen Zweck gerichtete Absicht bestimmt und deutlich hervorgeht, oder, mit anderen Worten, wenn diese Absicht aus dem Inhalte seiner im concreten Falle gethanen Aeußerung zuverlässig und zweifelsohne geschlossen werden kann.

Sind diese Vorbedingungen sämmtlich erfüllt, so ist, da die Errichtung eines Familienfideicommisses sich eben als ein in der Dispositionsfähigkeit des Stifters begründeter einfacher Willensact darstellt, wie jede Willenserklärung, so auch ein jedes Rechtsgeschäft dazu geeignet, ein Familienfideicommiß zu begründen. Ein Rechtsgeschäft, welches dazu ausschließlich bestimmt wäre, giebt es nicht. Wohl aber ist gerade das Rechtsgeschäft — in prägnanter Bedeutung — ausschließlich d. h. unter Ausschluß anderer wichtiger juristischer Thatsachen, als: Gesetz, Statut, Observanz, Verjährung, welche sonst zur Begründung von Rechten und Rechtsverhältnissen wohl geeignet erscheinen, — alleiniger Entstehungsgrund von Familienfideicommissen. Dieses Rechtsgeschäft kann ein einseitiges oder vertragsmäßiges, eine Verfügung von Todes wegen oder eine Disposition unter Lebenden sein. Welche Art der Stifter wählen will, hängt lediglich von seinem freien Ermessen ab. Es empfiehlt sich daher, auf diese einzelnen Arten hier näher einzugehen.

§ 9. Die Errichtung des Familienfideicommisses im Testament, — welche die älteren Juristen deshalb anzurathen pflegen, weil Testamente sich einer benignior interpretatio erfreuten und darum eine größere Sicherheit für die Aufrechterhaltung des Willens des Stifters gewährten, was indeß heutzutage mit Rücksicht auf die jetzt bei allen Geschäften zur Geltung kommende aequitas nicht mehr maßgebend sein kann —, bedarf keiner weiteren Erörterung oder näheren Erläuterung, da das sonst wohl wegen seiner Verschiedenartigkeit in Betracht zu ziehende Verhältniß der Fideicommißerrichtung zur Erbeinsetzung für die vorliegende Aufgabe ohne Erheblichkeit ist und als ein specifisches Criterium nicht ins Gewicht fällt.

Wird das Familienfideicommiß durch Vertrag begründet, so kann die Absicht der Contrahenten darauf gerichtet sein, daß dasselbe sofort, oder aber erst nach dem Tode des einen oder aller Contrahenten ins Leben trete. Im ersteren Falle haben wir einen Vertrag unter Lebenden, im zweiten einen Erbvertrag. Daß ein solcher Vertrag vollkommen giltig, unterliegt keinem Bedenken, mag derselbe auf einzelne Vermögensobjecte, oder auf das ganze gegenwärtige, oder auch noch auf das zukünftige Vermögen, also die Erbschaft resp. eine Quote derselben gerichtet sein, in welchem letzteren Falle allerdings nur ein Erbvertrag möglich ist. Denn der von den Contrahenten beabsichtigte Erfolg ist hier derselbe, wie bei der Begründung eines Familienfideicommisses durch Testament. Es soll ein Vermögen oder ein gewisses Vermögensobject einer bestimmten Familie zur Bewahrung des Ansehens derselben unveräußerlich erhalten und in derselben vererbt werden. Da nun einmal die Verfügungsfähigkeit des Einzelnen durch das Recht diese Ausdehnung erhalten hat, daß er das Schicksal seines Vermögens oder gewisser Stücke desselben nicht nur unmittelbar nach seinem Tode, sondern für alle Zeiten bestimmen kann, und da ferner die Befugniß, letztwillig zu verordnen, heutzutage nicht mehr allein durch Testament, sondern auch durch Vertrag ausgeübt werden kann, so muß auch die Errichtung eines Familienfideicommisses, wie durch jeden Vertrag, so auch durch Erbvertrag unbedingt für giltig angesehen werden.

Die Errichtung eines Familienfideicommisses ist endlich auch vermittelst einer einseitigen Verfügung unter Lebenden möglich. Wie nämlich das Geschäft, wodurch ein Familienfideicommiß errichtet ist, welches erst nach dem Tode des oder der Stifter wirksam werden soll, je nachdem die Stiftung von Einem ausging oder durch Uebereinkunft Mehrerer begründet wurde, entweder ein Testament oder ein Erbvertrag ist: so muß auch, wenn die Absicht darauf ging, das Fideicommiß sofort ins Leben zu rufen, unter derselben Voraussetzung neben die vertragsmäßige Errichtung die Begründung durch ein einseitiges Geschäft treten. Vermöge der dem Stifter zustehenden Befugniß, das Fideicommiß bedingt — sub conditione, oder betagt — ex die zu errichten, kann derselbe aber diese Form auch dann gebrauchen, wenn jenes erst nach seinem Tode in Kraft treten soll. Denn schon daraus, daß eben die Errichtung eines Familienfideicommisses ein in der Dispositionsfähigkeit des Stifters begründeter, einfacher Willensact ist, geht zur Genüge hervor, daß dies nicht nothwendig ein Vertrag sein muß. Wollte man jede Begründung eines Familienfideicommisses durch einen Act unter Lebenden für einen Vertrag halten, so müßte man zur Giltigkeit einer derartigen Stiftung auch stets die Acceptation des Berechtigten für erforderlich erachten. Dies ist aber in Wirklichkeit nicht der Fall, ja es läßt sich eine solche gar nicht einmal denken. Denn die Annahme des Fideicommisses von Seiten der einzelnen Berechtigten kann als eine Acceptation der alsdann in der Stiftung liegenden Offerte oder Proposition nicht gelten, indem die Succession des Einzelnen eine vollgiltige Fideicommißstiftung ja bereits voraussetzt. Dies gilt von dem Erwerb des Fideicommisses sowohl durch den zuerst Berufenen als durch die späteren Successoren, und deshalb läßt sich auch der Erwerb des ersteren nicht als wahre Acceptation betrachten, wodurch er das Recht aus der Stiftung für sich und die berechtigte Familie erwerbe. Gegen diese letztere Annahme spricht auch noch der Umstand, daß die Absicht jedes Interessenten und somit auch des zuerst Berufenen auf den Erwerb des Fideicommisses lediglich für seine Person, nicht auch zugleich für seine Descendenten gerichtet ist. Es ist also eine derartige Fideicommißerrichtung ein einseitiges Rechtsgeschäft unter Lebenden, ganz wie wir ein solches in der Gründung einer Stiftung im engeren Sinne haben. (Weshalb Koch sich dieser Einsicht verschließt und hier die vage Combination eines „einseitigen Erbvertrages" macht, ist unverständlich. Vergl. sein Erbrecht. Berlin 1866. S. 1074.) —

Sämmtliche in Betreff der verschiedenen Errichtungsarten hier vorgetragenen Grundsätze hat auch das Preußische Recht theils ausdrücklich theils stillschweigend anerkannt. Laut § 62 Tit. 4 Th. II, welcher bestimmt: „Von Errichtung und Verlautbarung der Fideicommiß-Urkunden gilt eben das, was in Ansehung der Familienstiftungen verordnet ist", erklärt das Allgemeine Landrecht dieselben Geschäfte für zulässig, durch welche eine Familienstiftung ins Leben gerufen werden kann, und dies sind: Verträge, einseitige Verfügungen unter Lebenden und letztwillige Verordnungen, insofern der § 28 Tit. 4 cit. vorschreibt: „Dergleichen Familienstiftungen können durch Verträge, durch einseitige Verfügungen unter Lebendigen, und durch letzte Willensverordnungen errichtet werden." Unter diesen letzteren hebt es noch besonders den Erbvertrag als Begründungsart eines Familienfideicommisses hervor, indem im § 632 Tit. 12 Th. I verordnet wird: „Ist aber in dem (Erb-)Vertrage die Erbfolgeordnung nicht blos zwischen den Contrahenten, sondern auch in Ansehung ihrer Erben oder Nachkommen bestimmt, so ist eine solche Verordnung, insofern sie das eigene Vermögen der Contrahenten betrifft, nach den Regeln der fideicommissarischen Substitutionen zu beurtheilen. (Th. II Tit. 4, Abschnitt 3.)" Denn wenn auch das Landrecht hier allgemein nur von „fideicommissarischen Substitutionen" redet, so gehören unter diese doch nach demselben auch die „beständigen Familienfideicommisse," wie schon die ausdrückliche Bezugnahme bei diesem Paragraphen auf Theil II Titel 4 Abschnitt 3 klar ergiebt, und wie ferner auch eine einfache Vergleichung der §§ 53—55 Titel 12 Th. I und § 47 Tit. 4 cit. zur Genüge beweisen dürfte, indem diese beiden Stellen schon vermöge der gegenseitigen Bezugnahme auf einander als durchaus homogene resp. correlative Bestimmungen sich sofort erkennen lassen. Die Zulässigkeit der Errichtung eines Familienfideicommisses durch ein negotium inter vivos hat übrigens das Preußische Recht bereits in der Hypotheken-Ordnung vom 20. Dezember 1783 anerkannt, indem der § 118 des zweiten Titels, Abschnitt III daselbst dies mit deutlichen Worten folgendermaßen ausspricht: „Findet der Richter dabei — bei Prüfung der Fideicommiß-Urkunden nämlich, siehe § 117 ib., — Dunkelheit, Zweideutigkeit oder Unvollständigkeit, so müssen, wenn das Fideicommiß durch einen Vertrag oder andere Disposition unter Lebendigen errichtet worden, die Interessenten oder der Fideicommißstifter, für allen Dingen diesen Anstand durch deutlichere Erklärungen aus dem Wege räumen."

§ 10. Die gründliche Einsicht und richtige Erkenntniß des Wesens, der persönlichen Fähigkeiten des Stifters und der verschiedenen Errichtungsarten eines beständigen Familienfideicommisses sind für die Beurtheilung und Entscheidung der vorliegenden Controverse von so primitiver Wichtigkeit und so durchgreifender Bestimmung, daß wir nicht Anstand nehmen durften, die bezüglichen Betrachtungen und rechtlichen Erörterungen bis in ein genaueres Detail, wie geschehen, zu verfolgen, resp. zu vervollständigen. Von gleich hohem Werthe und nicht minder hervorragender Bedeutung für unsere Aufgabe erscheint aber schließlich noch die vorgängige richtige Erkenntniß von der folgenschweren Verhaftung oder Verbindlichmachung des Stifters durch seine eigene Stiftung, mit anderen Worten: die voraufgehende gewissenhafte Erwägung und Beantwortung der Frage, inwieweit der Stifter für befugt zu erachten, seine Fideicommißstiftung frei zu widerrufen.

Wie nun nicht ein bestimmtes Rechtsgeschäft für die Begründung eines Familienfideicommisses vorgeschrieben ist, so läßt sich auch auf die Frage, ob eine Fideicommißstiftung vom Stifter frei widerrufen werden könne, keine allgemeine Antwort geben, sondern es sind hierbei die verschiedenen Formen einer Fideicommißstiftung aus einander zu halten.

Daß ein durch Testament begründetes Familienfideicommiß vom Stifter bis zu seinem Tode unbedingt widerrufen werden könne, unterliegt, wie es den älteren Juristen durchaus nicht zweifelhaft war, auch heutzutage keinem Bedenken: denn, da ultima voluntas ambulatoria est usque ad vitae supremum exitum, so muß in gleichem Maße auch jede auf einer derartigen Willenserklärung beruhende Anordnung bis zum Tode des Disponirenden der Veränderung unterworfen sein, vorausgesetzt natürlich, daß der Stifter den Widerruf in einer Form erklärt, welche zur Aufhebung eines Testamentes genügt.

Bei einem durch einseitiges Geschäft unter Lebenden begründeten Fideicommisse kann von einem Widerrufe dann nicht die Rede sein, wenn der erste Besitzer eine andere Person als der Stifter selbst, und die Stiftung unbedingt und unbetagt ist, da gleich mit der Stiftung das Fideicommiß ins Leben tritt, das Object des Fideicommisses demnach durch ein giltiges Rechtsgeschäft in das Eigenthum des zuerst zum Besitze des Fideicommisses Berufenen übergegangen und demgemäß ganz und gar der Einwirkung des Stifters entzogen ist. Ganz ebenso liegt die Sache, wenn der Stifter selbst der erste Besitzer des Fideicommisses ist. Freilich behält er in diesem Falle die zum Fideicommisse gehörigen Gegenstände, allein dieselben unterliegen doch nicht mehr seinem ausschließlichen Verfügungsrechte, da sein Eigenthum nunmehr durch das zu Gunsten der durch die Stiftung berufenen Successoren gesetzte Veräußerungsverbot beschränkt ist, und demnach jede Verfügung über die gedachten Gegenstände, durch welche er dieselben jenen zu entziehen versuchte, eine widerrechtliche wäre. Dagegen steht bei einer bedingten oder betagten Disposition unbedenklich dem Stifter der Widerruf frei; denn da hier kein Vertrag vorliegt, so ist auch keine Acceptation von einer anderen Seite erfolgt; ein einseitiges Versprechen aber ist, von den ganz bestimmten Ausnahmen abgesehen, für den Versprechenden nicht bindend.

Bei vertragsmäßig errichteten Familienfideicommissen endlich kann, ohne Rücksicht darauf, ob das Fideicommiß noch bei Lebzeiten beider Contrahenten, oder erst nach dem Tode beider oder eines von ihnen in Kraft treten sollte, die Stiftung nicht durch einen Contrahenten einseitig widerrufen, wohl aber durch den übereinstimmenden Willen beider Contrahenten aufgehoben werden.

Die hier vorgetragenen, von der gemeinrechtlichen Doctrin aufgestellten und allgemein anerkannten Grundsätze über den Widerruf von Fideicommißstiftungen müssen auch für das Preußische Recht in praxi als verbindlich angesehen werden, da zuwiderlaufende Bestimmungen im A. L. R. nicht enthalten sind. Als einzige Ausnahme dürfte nur der Umstand in Betracht kommen, daß, wie durch ein nach errichtetem Testament geborenes Kind jenes rumpirt wird, wenn der Testator erst nach Ablauf eines Jahres nach der Geburt desselben gestorben ist, dieselbe Vorschrift auch auf testamentarisch errichtete Familienfideicommisse der Natur der Sache nach wird Anwendung finden müssen.

Im Uebrigen wird überall da, wo eine Fideicommißstiftung widerruflich ist, der Widerruf auch dann nicht für unzuläßig zu erachten sein, wenn die Stiftung gerichtlich oder landesherrlich genehmigt oder bestätigt ist. Denn wenngleich die Genehmigung oder Bestätigung ein wesentliches Requisit der Fideicommißerrichtung sein oder die Bestätigung von den Interessenten freiwillig nachgesucht sein mag, so erhält dadurch die Fideicommiß-stiftung keine andere Natur als die unbestätigte, vorausgesetzt, daß eine solche überhaupt giltig ist. Der in einer Preußischen Cabinets-Ordre vom 1. März 1844 geltend gemachte Umstand, es könne dem einseitigen Ermessen des Stifters nicht überlassen werden, eine vom Landesherrn bestätigte Stiftung willkürlich wieder aufzuheben und die landesherrliche Bestätigung illusorisch zu machen, kann als ein juristisch stichhaltiger Grund gegen die Widerruflichkeit einer derartigen Stiftung nicht angesehen werden.

Vergl. über die vorstehend mitgetheilten Grundzüge des Institutes des Familienfideicommisses Dr. William Lewis, das Recht des Familienfideicommisses. Berlin. 1868. §§ 2, 3, 6, 12.

B. Haupttheil.

a. Princip der kritischen Beurtheilung.

§ 11. Nachdem in Vorstehendem die Grundcharakterzüge der beiden großen, einschlägigen Institute der Vormundschaft und des Familienfideicommisses, wie geschehen, erörtert und hierdurch die unentbehrliche, sichere Grundlage für die weitere Forschung gewonnen worden, somit aber der wichtigste Schritt nach Vorwärts geschehen ist für die wirksame Förderung der systematischen Lösung unserer Aufgabe, sind wir endlich an den Anfang der eigentlichen Beantwortung der Controverse gelangt. In der Einleitung haben wir bereits angedeutet, daß eine unmittelbare, positive Vorschrift, auf Grund deren die gestellte Streitfrage mühelos entschieden werden könnte, im Preußischen Rechte sich nicht vorfindet. In Gemäßheit des § 49 der Einleitung zum Allgemeinen Landrechte, welcher bestimmt: „Findet der Richter kein Gesetz, welches zur Entscheidung des streitigen Falles dienen könnte, so muß er — nach den in dem Landrechte angenommenen allgemeinen Grundsätzen, und nach den wegen ähnlicher Fälle vorhandenen Verordnungen, seiner besten Einsicht gemäß, erkennen", — muß daher die Beantwortung zu der die Lücken in der Gesetzgebung ausfüllenden und das Recht vielfach weiterbildenden Kraft der Analogie ihre Zuflucht nehmen. Denn nichts anderes, als eben der logisch-juristische Schluß der Anlogie, das sogenannte argumentum a consequentia, soll unter der Rechtsfindung „nach den angenommenen, allgemeinen Grundsätzen und nach den wegen ähnlicher Fälle vorhandenen Verordnungen" verstanden werden. Die Analogie ist das Mittel zur Findung eines ergänzenden Rechtssatzes, nach einem gegebenen Muster, durch Gleichstellung zweier qualitativen Verhältnisse: sie ist, in dieser ihrer practischen Bestimmung richtig angewendet, die wichtigste Stütze, der stolzeste Pfeiler eines lückenhaften Rechtsgebäudes. In der Analogie wird von einem nebengeordneten Falle auf den anderen, oder von einer Art auf die andere geschlossen, indem vorausgesetzt wird, daß in dem ersten Falle das den anderen normirende Allgemeine d. h. das Princip angeschaut werde. Die Analogie ist daher nur dann richtig, wenn eben die Fälle oder Arten wirklich nebengeordnet sind, und wenn die aus dem ersten Falle hervorgehobene und übertragene Norm wirklich das Allgemeine, und nicht etwan das Eigenthümliche — die specifische Differenz jenes ersten Falles ist. Denn sonst ist ja nicht das Verbindende getroffen, sondern vielmehr gerade das Scheidende, statt des Verbindenden ergriffen. Findet man so den zu beurtheilenden zweiten Fall mit dem ersten Falle in den wesentlichen Merkmalen übereinstimmend, so schließt man, daß diese Uebereinstimmung sich auch in der rechtlichen Folge — dem an das Thatsächliche geknüpften jus — finden müsse. Ubi eadem juris ratio, ibi eadem legis dispositio. Man schließt eben ἀνὰ λόγον, secundum rationem. Daher auch: Analogia juris est regula juris, non ex verbis, sed ex ratione legis deducta. (Hufeland in Praecognit. jur. § 53.)

Nach dem gerechtfertigten Principe der Analogie in dem soeben erläuterten, richtig erfaßten Sinne des Wortes soll denn in Nachstehendem die fehlende Satzung gefunden und deren überzeugende Motivirung versucht werden.

b. Beantwortung im Allgemeinen.

§ 12. Wenden wir uns also zur ersten Theilfrage:

Ist der Vormund für sich allein, ohne Zuziehung seines Pflegebefohlenen, vielmehr in Ausübung einer freien Initiative befugt, aus dem paraten Vermögen seines Mündels ein Familienfideicommiß zu errichten?

Diese Frage muß ohne Umschweife vorbehaltlos mit **Nein** beantwortet werden. Der Beweisgründe dafür giebt es eine ansehnliche Reihe. Diese Reihe soll die augenscheinlichsten Gründe, welche ohne weitläufige Erörterungen und ohne verwickelte Untersuchungen unmittelbar aus dem Wesen der hier zur Sprache kommenden Institute der Vormundschaft und des Familienfideicommisses heraus die Sache klar legen, voranstellen und mit den minder auffälligen Gründen, welche theils vorgängige ausführlichere, ja selbst minutiöse Deductionen und distincte Argumentationen nothwendig machen, theils auf rechtsgeschichtlicher Unterlage beruhen, verlaufen. Indem wir für diese Aufeinanderfolge der Beweisgründe das einwandsfreie Princip der practischen Zweckmäßigkeit bevorzugend in Anspruch nehmen, halten wir gleichzeitig etwaige wissenschaftliche Bedenken gegen solche Anordnung einfach ohne Raisonnement für erledigt, ohne jedoch die Berechtigung solcher Bedenken voreilig absprechen zu wollen.

c. Die einzelnen Beweisgründe.

I.

§ 13. Im fünften Abschnitte der Vormundschaftsordnung, welcher von den Rechten und Pflichten der Vormünder überhaupt d. h. im Allgemeinen handelt, befindet sich auch folgende generelle Vorschrift:

„Von Verträgen der Pflegebefohlenen, von letztwilligen „Verordnungen derselben, — sind die nöthigen Be- „stimmungen gehörigen Orts vorgeschrieben. (Th. I Tit. 5 „§ 10 sqq. — Tit. 12, § 16 sqq. —)“

Nach dieser Bestimmung des § 249 Tit. 18 Th. II A. L. R.s sind die für die Errichtung letztwilliger Verordnungen der Pflegebefohlenen maßgebenden Bestimmungen in der Vormundschaftsordnung nicht enthalten, sondern vielmehr in dem allegirten zwölften Titel zu suchen und zu finden. Dort ist nun verordnet:

§ 16. Minderjährige ohne Unterschied des Geschlechts, welche das vierzehnte Jahr zurückgelegt haben, können letztwillige Verordnungen giltig errichten, ohne daß dazu die väterliche oder vormundschaftliche Einwilligung erfordert wird.

§ 17. Doch sind Personen, welche das achtzehnte Jahr noch nicht zurückgelegt haben, ihre letztwilligen Verordnungen nicht anders als mündlich, zum gerichtlichen Protocolle zu errichten befugt.

§ 18. Soweit Kindern, die noch unter väterlicher Gewalt sind, der Mangel des gesetzmäßigen Alters nicht entgegensteht, bedürfen dieselben, auch in Ansehung des nicht freien Vermögens, keiner Einwilligung des Vaters.

Wir erwähnten bereits oben in der sachanalytischen Besprechung des Themas (§ 4) bei Gelegenheit einer übersichtlichen Charakteristik der vormundschaftlichen Thätigkeit im Allgemeinen und überhaupt einer doppelten Richtung derselben. Wir haben dort darauf aufmerksam gemacht, daß der Vormund zwar principaliter befugt erscheine, sein Mündel ohne dessen Zuthun ganz und gar und also vollständig zu vertreten, daß jedoch in gewissen Fällen sich diese Thätigkeit darauf beschränke, zu eigenen Rechtshandlungen des Pflegebefohlenen das Vollwort zu ertheilen, um dieselben rechtsverbindlich zu machen. Nun ist es ganz augenscheinlich und offenkundig, daß die letztere Thätigkeit d. h. das bloße Genehmigen der Handlungsweise des Pflegebefohlenen entschieden ein geringeres Maaß von rechtlicher Machtvollkommenheit enthält und beurkundet, als die vollständige, freie Vertretungsbefugniß der ganzen vermögensrechtlichen Persönlichkeit.

Hiernach geht aber aus der Bestimmung des citirten § 16 ganz unverkennbar und unzweideutig hervor, daß der Vormund nicht befugt ist, über Pupillengüter zu testiren. Denn wenn inhalts jener Bestimmung ganz selbstständig und aus eigenem Antriebe errichtete Testamente der Bevormundeten nicht einmal der vormundschaftlichen Genehmigung zu ihrer Giltigkeit bedürfen, um wie viel weniger darf dann der Vormund für ermächtigt angesehen werden, für sich allein und ohne Zuziehung des Pflegebefohlenen über dessen Vermögen letztwillig zu verordnen? Uebrigens folgt die Unzulässigkeit einer Stellvertretung bei der juristischen Handlung des Testirens schon aus dem Wesen der Sache, wie weiter unten noch ausführlich gezeigt werden wird. Ganz mit Recht bemerkt daher auch Koch in seinem Erbrechte S. 167: „Die Entbehrlichkeit der väterlichen, wie der vormundschaftlichen Einwilligung ist nach der Natur der testamenti factio, die, wo sie fehlt, nicht durch die auctoritas irgend eines Andern ertheilt werden kann, und, wo sie vorhanden ist, keiner Bekräftigung von Seiten eines Anderen bedarf, sowie nach der Natur eines letzten Willens, der des Testators ureigener, selbstständiger sein muß und von Niemand beeinflußt oder bestätigt werden kann, eine sich ganz von selbst verstehende Sache."

Dieselben materiellen Vorschriften, welche das Gesetz für die Errichtung der Testamente aufgestellt hat, müssen aber auch in Ansehung der Errichtung von Familienfideicommissen gelten, soweit es sich dabei namentlich nur um die persönliche Befähigung zur Errichtung derselben handelt. Dafür liefert die völlig gleiche Behandlung, welche beide Institute in dieser Beziehung im Landrechte erfahren haben, den schlagendsten Beweis. Jede Familienfideicommißstiftung, gleichviel, welchem Geschäfte unter Lebenden oder von Todeswegen dieselbe ihre Entstehung verdankt, ist der Natur der Sache nach immer zugleich ein letzter Wille, und also, wenn die Errichtung einseitig geschieht, ein Testament, insofern es zum Wesen einer Fideicommißurkunde gehört, daß darin über das Schicksal der Güter nach dem Tode des Stifters vorsorglich Bestimmung getroffen ist. Sie muß daher namentlich, wie jede letztwillige Verordnung, eine Erbeseinsetzung enthalten d. h. der Stifter muß eine Person namhaft gemacht haben, auf welche die Fideicommißgüter nach dem Abgange des ersten Besitzers vererbt werden sollen. Dies bedingt, wie gesagt, schon die Natur und das Wesen der Stiftung, auch wenn die ausdrücklichen Vorschriften der §§ 134 ff. Tit. 4, Th. II A. L. R.s dies nicht hinlänglich erkennbar gemacht hätten. Das Preußische Landrecht ist nach dieser Richtung hin sogar noch weiter gegangen. Denn es verlangt nicht nur die Anordnung eines Individualsuccessors des ersten Fideicommißbesitzers, sondern sogar eine vollständige Disposition über die Art und Weise, wie die Güter noch in den spätesten Zeiten der Familie zukommen sollen, mit anderen Worten: die Bestimmung einer Successionsordnung. (Vergl. § 142 Tit. 4 Th. II und § 525 Tit. 12 Th. I A. L. R.)

Wie aber in materieller Hinsicht aus dem inneren Wesen beider Institute die völlige Gleichberechtigung der Familienfideicommißstiftung mit dem Testamente in Ansehung ihrer Errichtungsmodalitäten klar erhellt, so geht dieselbe auch in formaler Hinsicht aus der äußeren Stellung unverkennbar hervor, welche das Landrecht dem Familienfideicommisse im System angewiesen hat, resp. aus den auch äußerlich ganz conformen oder adäquaten Gesichtspunkten, unter welchen es die Errichtung der Familienfideicommisse betrachtet. Es behandelt nämlich die Familienfideicommisse genau, wie die fideicommissarischen Substitutionen, d. h. also wie die unter diesem Namen bekannte, besondere Errichtungsmodalität eines Testamentes. Dies ist in dem oft allegirten § 47 Tit. 4, Th. II A. L. R.s namentlich ausgesprochen und nebenbei dadurch zuverlässig erkennbar gemacht, daß dort auf die nähere Bestimmung des Titels von den letztwilligen Verordnungen insbesondere auf die §§ 53 ff. ausdrücklich verwiesen wird. Den Unterschied eines beständigen Familienfideicommisses von einer gewöhnlichen fideicommissarischen Substitution statuirt das Landrecht, abgesehen von der Form, lediglich durch die für ersteres eigens vorgeschriebene, besondere Qualification des Objectes, ein Umstand, welcher für die Beurtheilung der persönlichen Errichtungsbefugniß hier ohne jeglichen Belang ist. Was nun aber die Errichtung einer fideicommissarischen Substitution überhaupt anlangt, so sind dafür nach Inhalt des zwölften Titels ganz die nämlichen Vorschriften maßgebend und entscheidend, welche für die persönliche Befähigung zur Errichtung letztwilliger Verordnungen überhaupt ergangen sind.

Wenn daher der Vormund schon für nicht befugt angesehen werden muß, über Pupillengüter überhaupt zu testiren, und wenn er folglich in gleicher Weise auch nicht für befugt gelten kann, in Ansehung des Vermögens seines Mündels eine fideicommissarische Substitution vorzunehmen, so ergiebt sich hieraus dann weiter mit zwingender Schlußfolgerichtigkeit, daß er erst recht und ganz und gar nicht befugt erscheint, aus dem paraten Vermögen seines Pflegebefohlenen ein beständiges Familienfideicommiß zu errichten.

II.

§ 14. Im fünften Abschnitte der Vormundschaftsordnung findet sich auch folgende Bestimmung:

§ 240. In Beziehung auf die Pflegebefohlenen vertreten die Vormünder zunächst die Stelle der Eltern.

§ 242. Der Vormund kann sich über die Person seines Pflegebefohlenen keine mehreren Befugnisse anmaßen, als die Gesetze einem Vater über die noch unter seiner Gewalt stehenden Kinder beilegen.

In der Redewendung „über die Person seines Pflegebefohlenen" muß der richtigen Interpretation nach unter „Person" nicht blos „das rein Persönliche", sondern „die gesammte vermögensrechtliche Persönlichkeit" des Pflegebefohlenen verstanden werden. Dies geht schon daraus zur Genüge hervor, daß die bezogene Vorschrift in dem Abschnitte, welcher von den Rechten und Pflichten der Vormünder überhaupt, also im Allgemeinen handelt, ihre Stellung erhalten hat, und nicht vielmehr in den folgenden sechsten Abschnitt, welcher über die Sorge für die Person der Pflegebefohlenen die nöthigen gesetzlichen Bestimmungen trifft, verwiesen worden ist, wohin diese Vorschrift sonst der Regel nach gehören würde, hätte man unter „Person" hier blos das Rein-Persönliche verstanden wissen wollen. Aus demselben Grunde muß die Vorschrift auch für eine generelle, das Verhältniß des Vormundes zum Pflegebefohlenen ganz im Allgemeinen betreffende angesehen werden, welche demgemäß auch für die allgemeine Beurtheilung einzelner Befugnisse des Vormundes mit maßgebender Bedeutung und entscheidendem Gewichte in Anwendung gebracht werden darf. Die Vorschrift zieht unverkennbar eine vergleichende Parallele zwischen der vormundschaftlichen Gewalt und dem väterlichen imperium, zwischen der tutoria und der patria potestas, und besagt, daß sie beide homogener Natur und daher auch ihrem Umfange oder ihrer Tragweite nach völlig congruent oder adäquat seien. Da diese Gleichberechtigung beider Gewalten nach Inhalt und Begrenzung nun auch für unsere vorliegende Streitfrage unbedenklich statuirt werden muß, so liegt uns blos ob, zu prüfen, ob dem Vater die Befugniß einzuräumen sein möchte, aus dem freien Vermögen seiner Hauskinder ein Familienfideicommiß zu errichten. Die Antwort auf diese Frage nämlich würde alsdann zugleich die vorliegende Controverse, ob dem Vormunde die fragliche Befugniß bezüglich des Vermögens seiner Pflegebefohlenen zustehe, vermöge der bevorworteten Congruenz vollständig decken und also übereinstimmend zum Austrag bringen. Daß hierbei nur von dem freien Vermögen der Hauskinder die Rede sein kann, beweist einerseits die totale Verschiedenartigkeit der Stellung des Vaters zu dem freien, und resp. zu dem nicht-freien Vermögen seiner Kinder, sowie andrerseits der Umstand, daß eben nur die Stellung des Vaters zum freien Vermögen seiner Kinder der Stellung des Vormundes zum Pupillenvermögen in Wirklichkeit völlig richtig entsprechend und darum mit Grund vergleichbar sein dürfte. In dieser Hinsicht werden nämlich Beide, Vater und Vormund, als gleich bevorzugte Verwalter des betreffenden Vermögens — mit verhältnißmäßig geringerer Controlbelästigung und leichterer Verantwortungsverbindlichkeit — angesehen, während die Rechte des Vaters über das nicht=freie Vermögen seiner Kinder viel weiter reichen, insofern ihm beispielsweise daran ein uneingeschränktes Nießbrauchsrecht zusteht, welches der Vormund für sich in Ansehung des Vermögens seines Pflegebefohlenen nicht in Anspruch nehmen kann, da im Gegentheil jede Nutzung des Pupillengutes von Seiten des Vormundes für seine Person untersagt ist. Vergl. §§ 486 und 925 Tit. 18, Th. II A. L. R.

Die bevorwortete Congruenz der beiden Stellungen: des Vaters zum freien Vermögen des Hauskindes und des Vormundes zum Vermögen seines Mündels, giebt auch das Landrecht dadurch unzweideutig zu erkennen, daß es die dem Vater gebührende Verwaltung des freien Vermögens seiner minderjährigen Kinder im § 159 Tit. 2, Th. II geradezu und ausdrücklich als eine „vormundschaftliche" bezeichnet hat.

Was nun die Frage anlangt, ob dem Vater die Befugniß einzuräumen, aus dem freien Vermögen seiner Hauskinder ein Familienfideicommiß zu errichten, so muß dieselbe nach den über die Rechte des Vaters an dem freien Vermögen seiner Kinder bestehenden gesetzlichen Vorschriften unbedenklich verneint werden. Denn wollte man dem Vater diese Befugniß zusprechen, so müßte man ihm auch das Recht zuerkennen, über das freie Vermögen seiner Kinder bis zu deren Tode, ja über deren Tod hinaus völlig frei und uneingeschränkt zu disponiren. Denn dies ist die nothwendige und schlüssige Folgerung aus dem, was zu I (§ 13) bereits eingehend beleuchtet worden, daß nämlich jede Fideicommißstiftung immer zugleich eine letztwillige Verordnung ist, insofern sie nicht blos den Individualsuccessor des ersten Fideicommißbesitzers namhaft machen, sondern sogar noch auf spätere Zeiten hinaus eine bestimmte Successionsordnung, als Richtschnur für eine geregelte Verfällung des Fideicommißgutes vorschreiben soll. Eine so weit reichende Verfügungsbefugniß über das freie Vermögen des Hauskindes kann jedoch dem Vater unter keinerlei Umständen zuerkannt werden. Dies geht aus den §§ 231 und

275, Tit. 2, Th. II A. L. R.s ganz unverkennbar hervor, Vorschriften, welche mit einer gegentheiligen Annahme in directen Widerspruch treten, ja durch eine solche geradezu unausführbar und illusorisch gemacht werden würden. In dem citirten § 231 wird nämlich der Vater für schuldig erklärt, nach aufgehobener väterlicher Gewalt dem Kinde das bisher unter seiner Verwaltung gestandene eigenthümliche Vermögen desselben herauszugeben, und im § 275 wird dieses Vermögen als eine „Schuld" des väterlichen Nachlasses bezeichnet, als welche es, sobald es sich um die Erbfolge des Kindes in den väterlichen Nachlaß handelt, von diesem zuvörderst abgesondert werden muß. Hier ist also ausdrücklich verordnet, daß die Rechte des Vaters über das freie Vermögen seiner Kinder nicht weiter reichen sollen, als bis zur Aufhebung der väterlichen Gewalt resp. bis zum Tode des Vaters, falls derselbe vor Beendigung der väterlichen Gewalt verstirbt, mit anderen Worten, daß die betreffenden Rechte des Vaters mit dem Momente des Aufhörens des väterlichen imperium ebenfalls ihre Endschaft erreichen. Da nun aber notorisch das Leben der Kinder die zeitlichen Grenzen der patria potestas in Wirklichkeit der Regel nach überdauert, so muß die präsumtive Annahme, daß dem Vater über besagtes Vermögen Befugnisse in einem bis über das Leben der Kinder hinausreichenden Umfange zuständen, durch die Bestimmungen der §§ 231 und 275 cit. für vollständig widerlegt gelten, oder man müßte jene Paragraphen für gegenstandslos erachten. Da nun letztere Vermuthung in Wirklichkeit nicht zutreffen kann, weil sie mit den bestehenden Auslegungsregeln der Gesetze unvereinbar sein würde, so muß hiernach als erwiesen angenommen werden, daß dem Vater jene weitreichende Befugniß nicht einzuräumen ist, derselbe also nicht berechtigt erscheint, aus dem freien Vermögen seiner Kinder ein Familienfideicommiß zu errichten. Hiermit ist aber zugleich bewiesen, daß auch dem Vormunde die fragliche Befugniß in Ansehung des Pupillengutes nicht zustehen darf, weil nach Inhalt unseres § 242 Tit. 18 cit. die tutoria potestas unter allen Umständen nicht weiter gehen kann, als die patria potestas gegangen sein würde.

Diese Ansicht wird auch durch die §§ 861 ff. Tit. 18 cit. bestätigt und insbesondere durch § 880 daselbst, welcher in analoger Weise, wie § 231 Tit. 2 cit., verordnet, daß nach geendigter Vormundschaft dem gewesenen Pflegebefohlenen, oder dessen Erben, sein gesammtes Vermögen von dem Vormunde ausgeantwortet werden müsse. Die Bestimmung dieses Paragraphen würde ganz ebenso, wie die des citirten § 231 Tit. 2 völlig unverständlich, widerspruchsvoll oder gegenstandslos erscheinen, wenn man annehmen wollte, daß dem Vormunde gesetzlich gestattet sein dürfte, in Ansehung des Pupillengutes Dispositionen zu treffen, welche in ihren unwiderruflich verbindlich machenden Wirkungen nicht nur den Großjährigkeitstermin, sondern sogar die Lebensdauer des Mündels bei Weitem überschreiten, und also, falls der Vormund von solcher Befugniß Gebrauch gemacht hat, die befürwortete Herausgabe des Vermögens nicht blos zu dem angegebenen Termine, sondern überhaupt und im Principe geradezu unausführbar erscheinen lassen würden.

Auch aus § 695 Tit. 18 cit., welcher verordnet:

> „Die Vorsorge des Staats für seine Pflegebefohlenen
> „darf nicht länger fortgesetzt werden, als die Um-
> „stände dauern, welche sie nothwendig gemacht haben,"

muß mit Zuverlässigkeit entnommen werden, daß die Machtvollkommenheit des Vormundes, wie wir auch bereits im vorbereitenden Theile (§ 6) angedeutet haben, in ihren Wirkungen über den Volljährigkeitstermin resp. über den innerhalb der Minderjährigkeit etwan eintretenden Todestag der Tuenden hinausreichend nicht gedacht werden könne. Da nun aber die Befugniß, ein Familienfideicommiß zu errichten, in dieser relativen, zeitlich völlig unbestimmten und unabsehbaren Beschränktheit aus bekannten Gründen juristisch geradezu undenkbar ist, und also gar nicht existenzberechtigt, ja nicht einmal daseinsfähig erscheint, so folgt auch hieraus wieder mit Nothwendigkeit, daß das

Gesetz die fragliche Befugniß dem Vormunde jedenfalls nicht hat beigelegt oder zugesprochen wissen wollen.

III.

§ 15. Der § 233 der Vormundschaftsordnung trifft im Allgemeinen über die Rechte des Vormundes am Vermögen seiner Pflegebefohlenen Bestimmung. Es heißt dort:

§ 233. Die Sorge für das Vermögen erstreckt sich auf die Sicherstellung und Erhaltung, auf die ordentliche wirthschaftliche Administration und auf die Verbesserung desselben.

Doctrin und Praxis stimmen im Allgemeinen darin überein, daß der Vormund hiernach, wie auch Koch hierzu ganz richtig anmerkt, zu unentgeltlichen Veräußerungen in keinem Falle ermächtigt sei. Dieser Ansicht ist zwar widersprochen worden, indem man ausgeführt hat, daß die Grenzen der Ermächtigung des Vormundes bei der Vermögensverwaltung dadurch gegeben seien, daß der Vormund als guter Hausvater handeln soll: soweit also eine unentgeltliche Veräußerung den concreten Umständen nach der Verwaltung eines boni patrisfamilias entspreche, werde sie für zulässig zu erachten sein. Dieser vagen, unbestimmten Behauptung gegenüber ist jedoch jener Satz als ein Princip aufrecht zu erhalten. Denn eine unentgeltliche Veräußerung d. h. eine Freigebigkeit, Schenkung, ist unter keinen „concreten Umständen" ein Verwaltungsact, und nur auf die Verantwortlichkeit aus Verwaltungshandlungen bezieht sich jene aus dem § 438 Tit. 18, Th. II hervorgelangte Regel vom guten Hausvater. Der Vormund hat nicht einmal mit obrigkeitlichem Decrete die Macht, Schenkungen, welche der Mündel selbst gemacht hat, durch seine auctoritas wirksam zu machen, noch viel weniger kann er auf eigene Hand nach seinem Gutfinden Eigenthum des Mündels verschenken.

Wenn aber der Vormund Pupillengut nicht unentgeltlich zu veräußern befugt ist, so kann er auch nicht berechtigt erscheinen, daraus ein Familienfideicommiß zu errichten. Denn jede Familienfideicommißstiftung involvirt zugleich eine unentgeltliche Veräußerung. Wir wollen hier ganz von dem Falle, welcher keines weiteren Beweises bedarf, absehen, daß nämlich der Vormund zum Besten einer anderen Familie, als der seines Mündels aus dessen Vermögen ein Familienfideicommiß errichtete, was ja nach § 47 Tit. 4, Th. II ebenfalls zulässig ist und wozu der Vormund dann ja auch für befugt gelten müßte, wollte man jene Befugniß im Principe statuiren. Denn schon in dem Falle, wenn die Errichtung des Familienfideicommisses zu Gunsten der eigenen Familie des Mündels geschähe, würde darunter eine zum Nachtheile des Mündels d. h. des wahren Eigenthümers vorgenommene unentgeltliche Veräußerung begriffen sein. Mit dem Momente nämlich, wo die Stiftung in Kraft tritt, hört der frühere, wahre uneingeschränkte Eigenthümer des nunmehr in Fideicommißgut verwandelten Vermögens auf, Alleineigner der Proprietät zu sein. Die Rechte desselben beschränken sich dann nur noch auf ein nutzbares Untereigenthum; er wird blos Miteigner der Proprietät, insofern das Obereigenthum der begünstigten Familie anheimfällt, er darf daher mit der Substanz ohne Genehmigung der alsdann berechtigten Familieninteressenten keinerlei Veränderungen vornehmen, weder inter vivos noch mortis causa, und verliert also natürlich auch das Vermögen, über das Fideicommißgut letztwillig zu verordnen. Alles dies bringt die Natur und das Wesen der Familienfideicommißstiftung so mit sich, wie die §§ 72, 73, 78 ff. Tit. 4, Th. II, A. L. R. hinlänglich überzeugend darthun. Dem Pflegebefohlenen werden mithin durch die Verwandlung seines Vermögens in Fideicommißgut wesentliche, integrirende Bestandtheile seines früheren uneingeschränkten Eigenthumsrechtes ohne jedes entsprechende Aequivalent d. h. unentgeltlich entzogen. Hierbei fällt noch mit entscheidendem Gewichte in die Wagschale, worauf wir bereits in dem vorbereitenden Theile (§ 10) des Näheren hingewiesen haben, daß nämlich jede Fideicommißstiftung mit alleiniger Ausnahme der durch Testament errichteten, also erst mit dem Tode des Stifters in Kraft tretenden, welche in ihrer Isolirtheit als maßgebend hier nicht in Betracht kommen kann, unwiderruflich ist, daß es also dem Pflegebefohlenen auch nach erlangter Großjährigkeit nicht einmal vergönnt sein würde, die ihn vermögensrechtlich völlig einengenden schweren Folgen einer solchen Handlungsweise des Vormundes zu beseitigen oder zu paralysiren. Er müßte vielmehr im angenommenen Falle die unentgeltliche Veräußerung des Vormundes und deren nachtheilige vermögensrechtliche Wirkungen ruhig und ohne Widerrede, ohne jede helfende Rechtsausflucht, über sich ergehen lassen. Auch diese zweifelsfreien Erwägungen constatiren insgesammt, daß der Vormund nicht für befugt gelten kann, aus dem Vermögen seines Pflegebefohlenen ein Familienfideicommiß zu errichten.

IV.

§ 16. Unter allen Befugnissen, welche den Vormündern laut ausdrücklicher Bestimmung der Vormundschaftsordnung, also unstreitig, in Ansehung des Vermögens der Pflegebefohlenen beigelegt werden, ist entschieden die nach § 586 Tit. 18, Th. II in Verbindung mit § 14 der Verordnung vom 2. Januar 1849 gestattete Ermächtigung zur subhastationsfreien, entgeltlichen Veräußerung eines Mündelgrundstückes die am weitesten reichende. Darauf deuten sowohl die mit § 550 beginnenden, äußerst eingehenden Vorschriften über die Veräußerung unbeweglicher Pupillengüter überhaupt, wie auch insbesondere die den subtilsten Modalitäten Rechnung tragenden Anordnungen einer beschränkenden Oberaufsicht Seitens der vormundschaftlichen Behörden bei solchen Anlässen, in ganz unverkennbarer Weise hin. Nun ist aber nach den zu III im vorigen Paragraphen gepflogenen Erörterungen die Befugniß, ein Familienfideicommiß zu errichten, ein noch viel weiter gehender Act selbstständiger Handlungsfähigkeit, insofern dieselbe sogar das Recht zur unentgeltlichen Veräußerung unbeweglicher Güter unbedingt voraussetzt. Wir haben in der Einleitung nicht ohne Grund darauf aufmerksam gemacht, daß eine oft bis in's feinste Detail ausgearbeitete Casuistik ein Grundcharakterzug des Allgemeinen Landrecht's ist, insofern die Verfasser desselben eifrigst bemüht gewesen sind, jeden auch nur einigermaßen zweifelhaften Rechtsfall durch eine bestimmte, jedes Bedenken ausschließende und darum auch jedes eigenmächtige Verstandes-Klügeln unbefugter Interpreten von vornherein beseitigende Norm vorzusehen. Unter solchen Umständen und in Anbetracht der gerade auf dem besprochenen Rechtsgebiete vorherrschenden, oben betonten, umständlich specifizirenden Casuistik müßte es im höchsten Grade auffallend und befremdend erscheinen, ja dem angedeuteten, offenkundigen Charakter der landrechtlichen Gesetzgebung geradezu widersprechen, daß das Landrecht der in Rede stehenden, so zweifelhaften Befugniß, wenn es dieselbe hätte gestattet wissen wollen, nicht nur keine eingehende Beachtung durch eine genaue und zuverlässige Normirung gewidmet, sondern überhaupt davon gar keine Notiz genommen hat. Vermöge der hier um so statthafteren Beweisführung e contrario müssen wir daher gerade aus dem Umstande, daß das Landrecht sich über die vorliegende Controverse vollständig stillschweigend verhält, schließen, daß es die fragliche Befugniß des Vormundes unter keinen concreten Umständen habe statuirt wissen wollen.

Zu dem nämlichen Resultate gelangen wir auf einem etwas weiteren Umwege durch die unmittelbar folgende Argumentation.

V.

§ 17. Durch den Vertrag können abgeleitete Rechtsverhältnisse entstehen, welche sich erst aus einem ursprünglichen durch eine solche Uebertragung bilden, daß in der Person eines Andern der Wille des Ersteren auftritt und sich geltend macht: wir meinen das Institut des Vollmachtsauftrages. Diese Verhältnisse der Stellvertretung, welche im gewöhnlichen Verkehre des bürgerlichen Lebens alltäglich vorkommen, können in höheren Verhältnissen, immer durch die besonderen Zwecke bestimmt, wiederkehren, so beispielsweise für das Familienrecht in der Vormundschaft.

Wir haben dieses Vergleichungspunktes bereits im vorbereitenden Theile gelegentlich der allgemeinen Charakteristik unseres Vormundschaftswesens im Großen und Ganzen gedacht. Wir haben dort hervorgehoben, daß die Vormundschaft jetzt aufgehört hat zu sein, was sie zunächst und ursprünglich gewesen ist, nämlich Sache der Familie, indem der Staat sich neuerlich nicht mehr blos darauf beschränkt hat, über die ausgedehnte und so leicht gemißbrauchte Vollmacht zu wachen und je nach Befinden der Umstände diese Aufsicht zu schärfen oder zu mildern, sondern vielmehr unter Zugrundelegung der Fiction, daß er die unselbstständige Persönlichkeit des Pflegebefohlenen fortzusetzen und resp. zu ergänzen berufen sei, sich selbst zum Obervormunde und die Vormünder lediglich zu seinen Stellvertretern gemacht hat. Wenn wir nun die angefangene zwischen Vormundschaft und gewöhnlichem Vollmachtsauftrage aufgestellte Gleichung in ihren Consequenzen weiter verfolgen, und demgemäß auch die weiteren daraus abgeleiteten Verhältnisse den entsprechenden gesetzlichen Vorschriften über gewöhnliche Vollmachtsaufträge im Titel 13 Theil I A. L. R.s assimilirend anpassen und cum grano salis letztere auf erstere in Anwendung bringen, so erscheint zunächst der seine Pflegebefohlenen repräsentirende Staat, oder, für den einzelnen concreten Fall richtiger genommen, der durch den Staat repräsentirte Pflegebefohlene als der Machtgeber oder Mandant, der Vormund hingegen als der Bevollmächtigte oder Mandatar, und zwar, da ihm die Besorgung aller Angelegenheiten des Pflegebefohlenen obliegt, als ein Generalmandatar desselben. Wir müssen dann folgerichtig auch die vom Staate in Repräsentation seiner Pflegebefohlenen erlassene resp. ausgegangene Vormundschaftsordnung als die dem Vormunde ertheilte Generalvollmacht im Sinne des § 118 Tit. 13 cit. auffassen, oder doch in Verfolg jener Parallele beide einander vergleichend zur Seite stellen. Wir haben oben betont, daß durch die Errichtung eines Familienfideicommisses Seitens des Vormundes dem Pflegebefohlenen gewisse Eigenthumsrechte an seinem Vermögen entzogen und resp. Anderen abgetreten werden. Nun bestimmt § 105 Tit. 13 cit., daß, wenn ein Recht des Machtgebers einem Dritten abgetreten oder Verzicht darauf geleistet werden soll, hierzu eine Specialvollmacht erforderlich sei, und § 118 ib. giebt zu erkennen, daß auch ein Generalmandatar seinen Machtgeber durch Handlungen, welche eine Specialvollmacht erfordern, nur in sofern verpflichte, als dieselben in seiner Generalvollmacht ausgedrückt sind. Wollte also hier in unserem streitigen Falle der Generalbevollmächtigte d. h. der Vormund seinen Machtgeber d. h. den Pflegebefohlenen durch Errichtung eines Familienfideicommisses aus dessen Vermögen giltig verpflichten, so müßte die Befugniß zur Vornahme dieser Handlung in der Generalvollmacht d. h. in der Vormundschaftsordnung namentlich ausgedrückt sein. Nun ist aber bekanntermaßen die Befugniß, aus dem Vermögen des Mündels ein Familienfideicommiß zu errichten, dem Vormunde in der Vormundschaftsordnung nicht nur nicht ausdrücklich zugestanden, sondern überhaupt nicht einmal erwähnt. Mithin erscheint auch nach dieser Argumentation wiederum der Vormund nicht befugt, aus dem paraten Vermögen seines Pflegebefohlenen ein Familienfideicommiß zu errichten.

Obwohl wir uns schließlich bei dieser Gelegenheit mit Entschiedenheit gegen die Zumuthung verwahren müssen, als ob wir die Statthaftigkeit der zwischen Vormundschaft und Vollmachtsauftrag gezogenen Parallele im Prinzipe und im Allgemeinen befürworten wollten, so halten wir doch dafür, daß die aus der täuschenden Aehnlichkeit beider Institute speciell für unsere Argumentation hervorgesuchten treffenden Gleichungen nicht gerade jeglicher Berechtigung als beweisführende Factoren entbehren möchten, und glaubten daher die vorstehend zur Vergleichung gestellten Momente, insofern sie in logischem Zusammenhange mit den voraufgehenden Motiven unsere Ansicht aufs Neue in augenscheinlichster Weise bestätigen, blos deshalb nicht unerwähnt lassen zu dürfen, weil sie nur auf einer in allen Einzelnheiten nicht ganz unbedenklich sicheren Unterlage beruhen.

VI.

§ 18. Durch das ganze Privatrechtsgebiet hindurch erstrecken sich zwei große Hälften, wesentlich verschiedener subjectiver Rechte oder Befugnisse. Die eine Hälfte bestimmt und charakterisirt die Persönlichkeit an sich, das Sein der Person; die andere Hälfte bezieht sich auf die äußere Erweiterung der Person, auf das Haben. Hiernach unterscheiden wir „Civilstandsrechte" und „Vermögensrechte." Erstere, welche auch Personenrechte oder — im eminenten Sinne — reinpersönliche Rechte heißen, beschäftigen sich lediglich mit Personen als solchen, deren verschiedenartige Stellung und gegenseitige Beziehungen zu einander ihren Gegenstand ausmachen. Letztere, auch Sachenrechte genannt, haben ihren Grund in der Erweiterung der ursprünglichen Grenzen des Rechtssubjectes über das Rechtsobject, über die den Menschen umgebende unfreie Natur, „über die äußere, ungeistige Welt in ihren räumlichen Begrenzungen." Sie beschäftigen sich demgemäß mit den verschiedenartigen Beziehungen der Person zur Sache. Den ersteren liegt das Sachliche, die unfreie Natur vollständig fern, bei letzteren ist das sachliche, unfreie Element zumeist das Wesentliche.

Die Person als Subject des rechtlichen Willens verwirklicht die ihr nothwendige Freiheit gegen die Sache, die als ungeistig und unpersönlich keine Beziehung auf sich selbst und daher ihre Bestimmung lediglich darin hat, der Person unterworfen zu werden, ihrem Zwecke zu dienen. Der in der Person als Träger von Befugnissen ruhende Rechtswille giebt sich im Object sein Dasein. Dieses Object, das sachliche Element, kann hierbei bald mehr bald weniger vorherrschend erscheinen, je nachdem die Beziehung der Person zur Sache eng oder locker vermittelt, mit anderen Worten: je nachdem das Verhältniß des Rechtssubjectes zum Rechtsobject ein unmittelbares oder mittelbares ist. In ersterem Falle besteht der Inhalt des Vermögensrechtes in einer ursprünglichen, ganz directen Beziehung der Person zur Sache, die Person legt ihren Willen ohne Berücksichtigung irgend eines anderen rechtlichen

Willens in die Sache selbst, und dann haben wir ein s. g. dingliches Recht; im zweiten Falle besteht der Inhalt des Rechtes zunächst in einem Verhältnisse zweier Personen zu einander, für welches die Sache nur die mittelbare Voraussetzung bildet, die Person kann hier nur durch das Medium einer ihr gegenüberstehenden Person die Sache als Object ihres Rechts erreichen, und dann haben wir ein Obligationenrecht, uneigentlich gleichfalls persönliches Recht genannt.

Während nun die reinpersönlichen Rechte unbeweglich sind, insofern sie von der Person ihres Inhabers nicht losgelöst werden können, vielmehr in dieser Person ihren festen, unveränderlichen Stand haben, sind die Vermögensrechte fast ausnahmelos beweglich und wandelbar, indem sie von der Person ihrer Inhaber getrennt und beliebig auf Andere übertragen werden können. Wir sagten: „fast ausnahmelos"; denn nicht alle zur Klasse der Vermögensrechte gehörige Befugnisse sind in der angegebenen Weise ambulatorisch, vielmehr bestehen gewisse Ausnahmerechte, welche weder ihrer Sustanz, noch ihrer Ausübung nach auf Andere übertragen werden dürfen. Diese Rechte hat die Theorie mit dem treffenden Namen: jura personalissima, höchstpersönliche Rechte bezeichnet. Welche Rechte jedoch im Einzelnen darunter verstanden werden sollen, beziehentlich zur Klasse der höchstpersönlichen zu rechnen seien, darüber ist man noch ebenso im Unklaren, wie über die wesentliche innere Natur und Beschaffenheit derselben. Das Allgemeine Landrecht ergeht sich in mannigfachen Umschreibungen zur Bezeichnung solcher höchstpersönlicher Rechte, Umschreibungen, welche, indem sie auf den Kern der Sache einzugehen ängstlich vermeiden, auch das eigentliche Wesen nicht berühren und die innere Natur und Beschaffenheit des Rechtes keineswegs aufdecken, sondern ihren bestimmenden Inhalt vielmehr lediglich einem rein äußerlichen Kennzeichen, nämlich der oben bereits vermerkten juristischen Thatsache der Unzertrennlichkeit ihres Besitzes von dem Besitzer entlehnen. In dieser Beziehung spricht denn das Landrecht von ihnen, als Rechten, „welche an eine bestimmte Person oder an gewisse Eigenschaften derselben gebunden sind" oder „welche nur der Person ankleben" oder „welche blos an der Person haften," im Gegensatze zu denjenigen Vermögensrechten, „welche zum freien Eigenthume gerechnet werden."

Vergl. §§ 99, 102, 103, Einl.; § 360, Tit. 9; § 382 Tit. 11, Th. I A. L. R.

An einigen anderen Stellen verengt das Landrecht die umschreibenden allgemeinen Ausdrücke für die höchstpersönlichen Rechte in die Bezeichnung eines Theils dieser Gattung, indem es an diesen Stellen von Rechten, „welche blos an den Stand gebunden, einem gewissen Stande oder Gewerbe eigen sind," redet, obwohl es auch hier der richtigen Interpretation nach nicht eine neue, besondere Unterabtheilung höchstpersönlicher Rechte aufstellen, sondern höchstpersönliche Rechte überhaupt und im Allgemeinen darunter verstanden und begriffen wissen will. Dies erhellt schon zur Genüge aus einer einfachen Vergleichung des § 104 cit. der Einl. mit § 382 Tit. 11 Th. I, sowie des § 40 Tit. 2 Th. I mit § 360 Tit. 9 ib. In den zur Vergleichung gestellten Paragraphen ist nämlich je ein Mal für den nämlichen Thatbestand oder Sachverhalt derselbe Grundsatz ausgesprochen, an die nämliche species facti dieselbe regula juris geknüpft, und doch die verschiedene Umschreibung für höchstpersönliche Rechte, nämlich das eine Mal „Rechte, die blos an den Stand gebunden sind," und das andere Mal „Rechte, welche an die Person des Inhabers gebunden sind" in Anwendung gebracht. Aus diesem promiscue-Gebrauchen der diversen Redewendungen ist der folgerichtige Schluß zu ziehen, daß das Landrecht mit den angeführten mannigfachen, ja selbst verschiedentlichen Varianten doch ohne Unterschied die gesammte Gattung derjenigen unübertragbaren Vermögensrechte bezeichnen will, welche die Theorie eben jura personalissima zu nennen beliebt. So wenig klaren Aufschluß die citirten Umschreibungen nun auch über das eigentliche Wesen dieser Rechte gewähren, so geht doch Eines unbedenklich daraus hervor: sie haben insgesammt ein charakteristisches Merkmal gemeinschaftlich, welches nämlich darin besteht, daß sie von ihrem Subjecte nicht getrennt und darum auf Andere nicht übertragen oder ihnen abgetreten werden können.

Siehe §§ 99, 104 der Einl. und § 382 Tit. 11, Th. I cit.

Aus demselben Grunde des Gebundenseins an ihren Inhaber hat man denn folgerichtig auch die weitere Regel abgeleitet, daß höchstpersönliche Rechte nicht durch Stellvertreter ausgeübt werden können. Diesen Grundsatz hat denn auch das Allgemeine Landrecht anerkannt und in Gemäßheit des § 31 Tit. 13, Th. I in sich aufgenommen, indem es dort verordnet, daß „Rechte, die einem gewissen Stande oder Gewerbe eigen sind," — d. h. der richtigen Interpretation nach eben „höchstpersönliche Rechte" überhaupt — „Anderen nicht aufgetragen noch von denselben übernommen werden können."

Wird nun nachgewiesen, daß die Befugniß, ein Familienfideicommiß zu errichten, ein höchstpersönliches Recht sei, so ist damit gleichzeitig der überzeugende Beweis geliefert, daß diese Befugniß nur von dem Stifter selbst, nicht aber durch einen Stellvertreter, also auch nicht vom Vormunde Namens und in Vertretung seines Mündels ausgeübt werden kann.

Den Begriff des höchstpersönlichen Rechtes aus seinem eigentlichen Inhalte, seiner inneren Natur und Beschaffenheit heraus, also mit anderen Worten dem Wesen, der Substanz nach gründlich zu erkennen und präcise zu bestimmen, ist unseres Erachtens ernstlich noch nicht versucht werden. Unbekümmert um diese tiefer liegenden Beziehungen hat man sich bisher eben lediglich mit dem äußerlich erkennbaren und nur für die Ausübung des Rechtes in Betracht kommenden, charakteristischen Merkmale der Unübertragbarkeit begnügt und beholfen. Im Leben und Verkehr ist man damit auch fast immer vollständig ausgekommen, weil das practische Bedürfniß in der Regel keine weiterreichenden Ansprüche machte. Unser Vorwurf, unser thema probandum, erheischt jedoch in seiner mehr wissenschaftlichen Richtung unbedingt ein tieferes Eindringen auf den Kern der Sache.

§ 19. Forschen wir nach dem Wesen eines Vermögensrechtes überhaupt, so erkennen wir darin, wie bereits oben angedeutet worden, zwei Elemente oder Factoren, die in einem bestimmten Verhältnisse zu einander stehen: nämlich das persönliche Element oder Subject des Rechtes mit der individuellen Freiheit des lebendigen Willens, und das sachliche Element oder Object des Rechtes mit der generellen Unfreiheit des Stofflichen, der todten Materie. Die sehr verschiedene, besondere Art und Weise dieses Verhältnisses, man könnte sagen, der Proportionsgrad oder der Bruchtheil, in welchem die beiden Elemente im einzelnen Falle sich zu einander verhalten, verleiht auch dem einzelnen Vermögensrechte je seine besondere Beschaffenheit und eigenthümliche Natur. Diese Behauptung ist jedoch in ihrer Allgemeinheit so vorbehaltlos nicht ganz richtig. Denn bei weiterer sorgfältiger Prüfung und gewissenhafter Vergleichung der verschiedenen Vermögensrechte bemerken wir gar bald ein entschiedenes Mißverhältniß der beiden Recht bildenden Elemente oder Factoren, ja wir machen im gründlichen Verfolg dieser Untersuchung die überraschende Wahrnehmung einer, und zwar der folgenden fast allen Vermögensrechten gemeinsamen, und darum desto auffallenderen Erscheinung. Wir finden nämlich bei jedem gewöhnlichen Vermögensrechte das sachliche Element dem persönlichen gegenüber in so überwiegendem Maaße vorherrschend, daß das letztere von ersterem stets und unter allen Umständen nach irgend einer Richtung hin geradezu bestimmt, beeinflußt und in gewissen Schranken gebunden gehalten wird, und zwar selbst dann, wenn sich die Beziehung der Person zur Sache, wie bei der Obligation, nur als eine ganz entfernte, mittelbare oder zufällige darstellt. Diese prävalente Wirkung ist eine so mächtige und entschiedene, die Herrschaft des unfreien Objectes über den freien Willen des Subjectes eine so unbedingte und widerstandslose, daß man gerade das sachliche Element bei jedem gewöhnlichen Vermögensrechte als das eigentliche essentiale betrachten muß, welches je nach der verschiedenen Intensivität und

Tragweite seines Einflusses dem einzelnen Rechte gewissermaßen seinen charakteristischen Stempel aufdrückt. In ganz correcter Weise werden daher die Vermögensrechte im Allgemeinen auch gerade vorzugsweise: „Sachen-Rechte" genannt.

Das Verhältniß kann nun aber auch gerade umgekehrt denkbar sein, d. h. der persönliche Factor, das Subject kann die bevorzugte, herrschende Stellung einnehmen, während das Object in völlig abhängiger, der individuellen Willkür der Person unbeschränkt unterworfener Stellung nicht nur jeder unmittelbaren Einwirkung auf das freie Element entbehrt, sondern gewissermaßen nur das dienende Werkzeug, das zur Bildung des Ganzen eben unvermeidliche Mittel vorstellt, und also lediglich durch seine Existenz, durch sein bloßes Vorhandensein ohne irgend welche sonstige Kraftäußerung oder maßgebende Bestimmung als wirkender, beziehentlich mitwirkender Factor erscheint. In diesem übrigens keineswegs blos intelligiblen, sondern mit ganz concreter Realität ausgestatteten Falle, in welchem eben ausschließlich das persönliche Element, das unbegrenzte Spiel der freien Willensbestimmung des Subjectes, dem jedesmaligen Rechte sowohl seiner Existenz, wie den äußeren Wirkungen seiner Ausübung nach die eigenthümliche, charakteristische Prägung aufdrückt, die specifische Färbung verleiht, haben wir es mit derjenigen Gattung von Rechten zu thun, welche die wissenschaftliche Doctrin so bezeichnend „höchstpersönliche" zu heißen pflegt.

Um hierbei jeder absichtslosen Mißdeutung vorzubeugen, wollen wir an einigen Beispielen concreter Fälle versuchen, die vorstehend gemachten abstracten Ausführungen zu erläutern, und dadurch einem richtigen Verständnisse, wie einer gerechten Beurtheilung derselben leichteren Zugang zu verschaffen.

Greifen wir aus der reichen Auswahl von Vermögensrechten irgend Eins heraus: nehmen wir beispielsweise die Kaufsobligation! Der freie Wille, resp. die verschiedenen Willensrichtungen des Käufers beziehentlich des Verkäufers repräsentiren den persönlichen, Sache und Preis den sachlichen Factor. Gleich auf den ersten oberflächlichen Blick erscheint ganz unverkennbar der Preis und Kaufgegenstand, also das sachliche Element, als das Wesentliche, als das Bestimmende; nach ihnen richten und strecken sich die freien Willen der dabei betheiligten Rechtssubjecte, des Käufers und Verkäufers; durch sie werden die beiden Willen auf eine im großen Ganzen in Voraus streng vorgezeichnete Bahn gewiesen, in dieser Bahn frei von jeder abwegigen Schwankung je nach einer bestimmten Richtung hin einander entgegengeführt, und auf dem Punkte, wo sie schließlich zusammentreffen — Willensübereinstimmung —, gebunden gehalten — daher obligatio, Band, Verbindlichkeit. Nicht die Verschiedenheit der Subjecte, sondern der Unterschied des Objectes begründet auch die charakteristische Verschiedenheit der Kaufsobligation. Mögen Käufer oder Verkäufer noch so oft wechseln, die Rechte derselben bleiben immer die nämlichen, solange Sache und Preis indentisch sind. Daher beruhen auch lediglich auf dem Objecte die vielfachen, vom Gesetz aufgestellten und anerkannten Unterscheidungen der Käufe, als da sind: Kauf von Mobilien oder Immobilien, Renten-Gülten-Erbschafts-Kauf u. s. f. Ueberall ist es das sachliche Element, welches den entscheidenden Ausschlag giebt, während das persönliche Element, nur nebensächlich sich darstellt. — Ganz die nämliche Erscheinung finden wir, wie bei jedem Obligationenrechte, so auch bei jedem dinglichen Rechte. Nicht die Personen des Verpfänders oder Pfandnehmers bedingen beispielsweise die spezifische Eigenartigkeit eines Pfandrechtes, sondern vielmehr lediglich und ausschließlich die verschiedene Beschaffenheit des Pfandobjectes, ob dasselbe beweglich oder unbeweglich — daher Faustpfand und Hypothek, ob körperlich oder unkörperlich, ob Schiff oder Kaufmannshandlung ist u. s. w., und zwar erstreckt sich diese durch den Unterschied des Sachlichen hervorgerufene und gesetzlich befürwortete Unterscheidung des Rechts bis in die detaillirtesten Abstufungen hinab. So ist es bekannterweise z. B. sehr wesentlich, ob eine verbriefte oder eine nicht verbriefte Forderung Gegenstand des Pfandrechtes ist oder sein soll. Ueberall zeigt das sachliche Element den besonderen Charakter des Rechts an.

Allein ganz anders verhält es sich nun mit den Rechten, welche wir nach unserer obigen Begriffsbestimmung als „höchstpersönliche" ansehen und erkennen müssen. Betrachten wir beispielsweise die Befugniß zu testiren, die s. g. testamenti factio activa. Hier kommt es auf die Verschiedenartigkeit der Sachen, über welche testirt werden soll, nicht im Mindesten an. Der eigenthümliche Charakter des Rechtes ist vom Sachlichen nicht im Geringsten abhängig. Das sachliche Element wirkt hier nur, insofern es da ist; es concurrirt ohne Rücksicht auf seine sonstige factische oder juristische Beschaffenheit; es genügt lediglich seine Existenz. Denn, ob Jemand über einen Pfennig oder eine Million Thaler, ob über Grundstücke, Schafherden oder Rentenbriefe testirt, das alterirt weder die Befugniß an sich, noch das Testament, als die unmittelbare juristische Folge ihrer Ausübung. Das persönliche Element ist das Alleinentscheidende; die freie, das Object hier vollständig bemeisternde, uneingeschränkte Willensbestimmung des Subjectes ist hier dasjenige gewichtige Moment, welches sowohl der Befugniß selbst ihren eigenthümlichen Inhalt giebt, als auch den durch deren Ausübung zur äußeren Erscheinung gebrachten Wirkungen ihre ganz besondere Gestalt und Wesenheit verleiht. Wer zur Erbschaft berufen wird, ob Kind oder Fremder, ob der Notherbe übergangen oder namentlich enterbt wird, wer mit Legaten bedacht, ob dem Erben ein zweiter substituirt wird, kurz Alles dasjenige, was die Person und nur diese angeht, was auf dem freien Willen des Subjectes beruht, was von der höchstpersönlichen Willensbestimmung des Testirenden abhängt und dadurch bedingt wird, — das ist hier das einzig maßgebende, gesetzlich anerkannte Criterium, das beredte, sprechende Zeugniß für den eigentlichen Charakter des Rechtes.

Dasselbe gilt ferner z. B. von dem Rechte des Besitzes, von dem Widerrufsrechte bei Schenkungen, von allen Klagerechten, welche die Neuern actiones quae vindictam spirant nennen, — weil alle diese Rechte Vermögensverhältnisse zum Gegenstande haben, welche ein menschliches B e w u ß t s e i n und Handeln zur Erhaltung, oder i n d i v i d u e l l e W i l l e n s b e s t i m m u n g zur Begründung un=

mittelbar voraussetzen, also vorherrschend durch den persönlichen Factor bedingt werden.

Es kann daher keinem Zweifel unterliegen, daß die Befugniß zu testiren ein höchstpersönliches Recht ist. Dasselbe will auch Koch constatiren, wenn er in seinem Erbrechte § 16 S. 159, 160 bemerkt: „die testamenti factio ist von jeder Privatwillkür unabhängig; sie ist von der Person desjenigen, dem sie zusteht, untrennbar, folglich auch auf keinen Andern übertragbar."

Vergl. übrigens auch Koch, Commentar zum A. L. A. Note 102 zu § 99 und Note 105 zu § 103 der Einleitung; ferner, sein Erbrecht, § 5, S. 45, 46 und § 7, S. 77 ff.

Der Befugniß zu testiren steht aber die Befugniß ein Familienfideicommiß zu errichten, soweit es dabei auf die innere Natur, den eigentlichen Inhalt des Rechtes an sich ankömmt, vollkommen gleich, wie bereits die unter I in § 13 gepflogenen Erörterungen zur Genüge gezeigt haben. Die völlige Gleichstellung beider Rechte, sowie deren höchstpersönliche Natur hat außerdem das Allgemeine Landrecht auch noch deutlich erkennbar gemacht durch eine scheinbar ganz gleichgiltige, selbstverständliche Redewendung in Form einer kurzen Einschaltung, welche jedoch dem sorgfältig prüfenden Blicke, ohne aufzufallen, nicht entgehen kann. § 1, Tit. 12, Th. I und resp. § 47, Tit. 4, Th. II enthalten nämlich die allgemeinen, einleitenden Erklärungen beider Befugnisse. In beiden Paragraphen findet man der gegebenen Erläuterung den bezeichnenden Ausdruck: „nach Gutbefinden" resp. „nach eigenem Gutbefinden" beigefügt. Man darf nicht annehmen, daß dieser Zusatz ohne tiefere Bedeutung sei. Hat er aber eine solche Bedeutung, so kann dieselbe unseres Erachtens eben nur darin bestehen, daß das in beiden Befugnissen gleich überwiegend vorherrschende persönliche Element d. h. die durch Nichts Sachliches verkümmerte, uneingeschränkte Freiheit der subjectiven Willensbestimmung durch die Bemerkung „nach eigenem Gutbefinden" ganz besonders hat betont, recht prägnant hat markirt werden sollen. Nach dieser Auslegung gewinnt der sonst leicht überflüssig erscheinende Zusatz sichtlich an motivirter Berechtigung und hervorragender, juridischer Bedeutung.

Aus allen diesen Gründen muß nunmehr das Thema, von welchem wir ausgegangen, daß die Befugniß ein Familienfideicommiß zu errichten in gleicher Weise, wie die Befugniß zu testiren, ein höchstpersönliches Recht sei, für überzeugend nachgewiesen gelten. Ist dies aber der Fall, so muß auch, den obigen Ausführungen gemäß, in Ansehung beider Befugnisse deren Ausübung durch Stellvertreter entschieden für unstatthaft angesehen werden. Mit Bezug auf die Testamentserrichtung hat übrigens das Landrecht dies noch ausdrücklich vorgeschrieben, insofern § 66 Tit. 12, Th. I bestimmt, daß „jedes Testament oder Codizill in der Regel vom Testator selbst den Gerichten übergeben oder zu gerichtlichem Protocolle erklärt werden müsse." Man würde gröblich gegen das Princip der Analogie verstoßen, wollte man für die homogene Befugniß, ein Familienfideicommiß zu errichten, etwas hiervon Abweichendes statuiren. Hiermit ist aber auch zugleich der unumstößlich klare Beweis dafür geliefert, daß der Vormund nicht befugt erscheint, Namens und in Vertretung seines Mündels aus dessen Vermögen ein Familienfideicommiß zu errichten.

Uebrigens bekennt sich indirecter Weise auch das Königliche Obertribunal zu der Ansicht, daß die Befugniß ein Familienfideicommiß zu errichten ein höchstpersönliches Recht sei, wenn man nämlich mit Kierulff, v. Savigny, Koch, Förster und anderen namhaften juristischen Autoritäten der Annahme beipflichtet, daß außer den persönlichen Eigenschaften und Befugnissen eines Menschen im Sinne des § 23 der Einleitung zum A. L. R. auch die s. g. höchstpersönlichen Rechte nach dem Personalstatute zu bestimmen seien. In dieser Beziehung sagt nämlich das Obertribunal in einem Erkenntnisse vom 8. Mai 1865, welches unsere Meinung vertreten soll, Folgendes: „die „Befugnisse eines Menschen", welche der § 23 der Einleitung zum A. L. R. nach den Gesetzen des Domizil's, den s. g. Personalstatuten, beurtheilt wissen will, begreifen auch seine Handlungsfähigkeit, also das, was die Person vermag und nicht vermag. — Die Fähigkeit aber, ein Fideicommiß zu gründen, mithin ein Vermögen dauernd an eine Familie zu binden und innerhalb derselben die Successions-Ordnung festzustellen, ist ebenso gut ein Zweig dieser Handlungsfähigkeit, als etwa die Befugniß, letztwillig über seine Güter zu verfügen. Folgerecht unterliegen der Beurtheilung der Personalstatuten denn auch die Schranken, welche die Oberaufsicht des Staats der Ausübung jener der Person beigelegten Macht setzt, falls diese Schranken die Einrichtung der Fideicommisse überhaupt, ohne Rücksicht auf die besondere Beschaffenheit des Gegenstandes, treffen."

Vergl. Archiv f. Rechtsf. Bd. 60, S. 20, 21, 39.

Dieser Satz ist so bündig und klar, daß er eines Commentars nicht weiter bedarf.

VII.

§ 20. Schließlich noch ein rechtshistorischer Beweisgrund. Folgende, äußere, der Entstehungsgeschichte des A. L. R.s entnommene Momente beweisen ebenfalls in durchaus schlüssiger Weise, daß die Verfasser des A. L. R.s gar nicht daran gedacht haben, ja daß es selbst wohl mit völligem Bewußtsein nicht in ihrer Absicht gelegen haben kann, dem Vormunde die fragliche Befugniß zuzugestehen.

Das ganze Institut der Familienfideicommisse ist nämlich von den Verfassern des A. L. R.s als der Volkswirthschaft nachtheilig erkannt und den Aufschwung der Nation hemmend betrachtet worden. Man hat daher die Anwendung desselben bedeutend eingeschränkt. Suarez hat in einer Anmerkung zum gedruckten Entwurfe des G. B. Th. I Abth. 1, S. 260 ff. dem Publikum Rechtfertigungsgründe dazu vorgelegt, welche er dann bei den Vorträgen zur Schlußrevision in einem besonderen Promemoria noch weiter ausgeführt hat. Nach diesem Promemoria gründen sich nun die Einschränkungen auf folgende Reflexionen:

„Allzuviel Familienfideicommisse sind an und für sich dem
„Flore eines Staates nicht zuträglich. Sie nehmen die Leb-
„haftigkeit des Verkehrs und der Circulation, der sie eine
„Menge von Objecten entziehen. Sie hindern die möglichst
„gleiche Vertheilung des Staatsvermögens, und liefern dasselbe
„zunächst, wenn keine Grenzen gesetzt werden, in die Hände
„einiger weniger Familien, die das ganze Territorialeigenthum
„nach und nach an sich ziehen, und dadurch ein Gewicht er-
„langen, welches am Ende der souveränen Macht im Staate
„selbst gefährlich werden kann. Sie haben daher alles wider
„sich, was wider die Verwendung der Güter im Staate ad
„manus mortuas mit Grunde eingewandt wird. —

„Philosophisch betrachtet, ist es auch eine große Anomalie,
„daß es in der Gewalt eines Menschen stehen soll, über
„das Vermögen, welches er bei seinem Abscheiden zurück-
„lassen muß, und worüber ihm der Tod jedes physische
„Vermögen zu disponiren benimmt, auf viele Generationen
„und Jahrhunderte hinaus Gesetze vorzuschreiben. Daher
„haben schon mehrere neuere Gesetzgeber für nöthig gefunden,
„der Befugniß, Familienfideicommisse zu errichten, gewisse
„Schranken zu setzen" — —,

und weiter unten heißt es:

„Dies sind die Gründe der oben bemerkten Einschränkungen.
„Rücksichten des allgemeinen Wohls rechtfertigen sie eben-
„so sehr als die traurige Erfahrung die schädlichen Folgen
„der bisherigen entgegengesetzten Principien bestätigt. Von
„Klagen über Einschränkungen des Eigenthums kann dabei
„gar nicht die Rede sein. Denn mit welchem Grunde kann
„wohl Jemand aus den Rechten des Eigenthums die Be-
„fugniß herleiten, seinen Nachkommen im zehnten und
„hundertsten Gliede, ja einer ganzen Nachwelt Gesetze vor-
„schreiben zu wollen?"

Siehe Jahrbücher Bd. 41, S. 168—171.

Wenn nun nach dieser Meinung der Redactoren des Allgemeinen Landrechts die Befugniß ein Familienfideicommiß zu errichten, beziehentlich deren Ausübung schon in ihrer ursprünglichen Gestalt, d. h. schon Seitens des wahren und wirklichen Eigenthümers des der Stiftung zu widmenden Vermögens als eine „große Anomalie“ bezeichnet wird, um wie viel mehr und um wie viel berechtigter muß dann in demselben Sinne erst gar diejenige Satzung, welche die Ausübung jener fraglichen Befugniß dem Vormunde, d. h. einem bloßen, wenngleich bevorzugten Stellvertreter des wahren Eigenthümers ohne eine ausdrücklich und eigens darauf lautende Instruction gestatten wollte, als ein arger, grober Verstoß gegen Recht und Philosophie angesehen werden? Mit einem Worte, es liefern gerade diese der gesetzlichen Anerkennung und Normirung des ganzen Institutes vorausgegangenen, zweifelnden und einengenden Erwägungen einen überzeugungstüchtigen Beweis dafür, daß den Redactoren des Allgemeinen Landrechts schon der bloße Gedanke, dem Vormunde in Ansehung des seiner Verwaltung unterstellten Pupillenvermögens eine so ganz „anomale, nicht einmal aus den Rechten des wirklichen Eigenthümers mit Grund herzuleitende“ Befugniß beizulegen oder gesetzlich einzuräumen, vollständig fern gelegen haben muß. — — —

Ohne uns der anmaßlichen Genugthuung hingeben zu wollen, als ob wir hiermit die Zahl der Beweisgründe für die Verneinung unserer ersten Theilfrage völlig erschöpft hätten, mag gleichwohl die Reihe derselben mit dieser Nummer für geschlossen angesehen werden, theils weil wir zur Zeit ein neues selbstständiges Argument in der That nicht mehr bei der Hand haben, theils weil wir der unmaßgeblichen Meinung sind, daß unser Thema durch die bisher gebrachten Entscheidungsgründe wohl schon für überzeugend nachgewiesen gelten dürfte. Wenden wir uns daher nunmehr der Prüfung und Beantwortung unserer zweiten Theilfrage zu.

2. Zweite Theilfrage.

§ 21. Nach der von uns oben festgestellten Fassung lautet dieselbe folgendermaßen:

Ist der Vormund befugt, die Stiftung eines Familien-Fideicommisses, welches sein Mündel in freier Selbstbestimmung aus seinem paraten Vermögen errichtet hat, durch sein Vollwort zu einer rechtsverbindlichen zu machen?

Nach dem, was wir in § 4 bereits über die Wirkungen der Willensäußerungen von Handlungsunfähigen gelegentlich angeführt haben, erscheint es selbstverständlich, daß hier nur diejenigen Minderjährigen in Betracht kommen können, deren Willenserklärungen überhaupt befähigt sind, eine rechtliche Wirkung hervorzubringen, beziehentlich unter hinzutretender Einwilligung des Vorgesetzten zu erlangen. Es scheiden daher von den nach besonderen, juristisch remarquablen Altersabstufungen in verschiedene Klassen gesonderten Minderjährigen aus dem Kreise unserer Beurtheilung und Besprechung zuvörderst die Kinder aus, welche das siebente Jahr noch nicht zurückgelegt haben, da deren Willensäußerungen, in Ermangelung jeder physischen Willensfähigkeit, unter allen Umständen nichtig sind, — § 25, Tit. 1, § 20 Tit. 4 Th. I —, demnächst aber auch die Unmündigen, welche das vierzehnte Jahr noch nicht vollendet haben, da deren Willenserklärungen nur insoweit giltig sind, als sie sich dadurch einen

Vortheil erwerben — § 21, Tit. 4, Th. I —, in der Errichtung eines Familienfideicommisses aber, weil immer eine Veräußerung darin enthalten ist, niemals die unmittelbare Erwerbung eines materiellen Vortheils ohne Weiteres gefunden werden kann. Es bleiben daher von den hier in Betracht zu ziehenden bevormundeten Minderjährigen nur noch die puberes übrig, denen das Gesetz überhaupt eine eigenthümliche, beschränkte Geschäftsfähigkeit z. B. die Testamentsmündigkeit, die Eidesmündigkeit und dergl. zuerkannt hat.

Sodann wird es bei Beurtheilung dieser Frage geboten erscheinen, einzelne der verschiedenen Errichtungsarten eines Familienfideicommisses unterschiedlich auseinander zu halten, und namentlich die Errichtung durch Testament einer abgesonderten, selbstständigen Betrachtung zu unterwerfen.

Erfolgt nämlich die Errichtung des Familienfideicommisses Seitens des Mündels durch Testament, so hat der Vormund gar nichts damit zu schaffen. Denn die Testamente der Minderjährigen, also auch der minderjährigen Pflegebefohlenen sind, wie wir bereits oben im § 13 gezeigt haben, unter bestimmten einschränkenden Voraussetzungen völlig freie und selbstständige Rechtshandlungen der Testirenden, welche zu ihrer Giltigkeit nicht einmal der vormundschaftlichen Genehmigung gesetzlich bedürfen §§ 16, 17 Tit. 12, Th. I. — Soweit also ein Minderjähriger überhaupt gesetzlich befugt erscheint zu testiren, soweit wird auch ein bevormundeter Minderjähriger ohne Zuthun seines Vormundes ein Familienfideicommiß durch Testament zu errichten gesetzlich befugt gelten müssen.

Bei allen anderen Errichtungsarten eines Familienfideicommisses, also durch ein Rechtsgeschäft unter Lebenden oder durch Erbvertrag, würde jedoch, behufs Bewirkung einer rechtsgiltigen Stiftung, jedesmal die vormundschaftliche auctoritas erst hinzutreten müssen, da Minderjährige durch ein Geschäft unter Lebenden sich ohne vormundschaftliche Genehmigung überhaupt nicht giltig verpflichten können, und ganz der nämliche Grund sich auch für die Errichtung eines Familienfideicommisses durch Erbvertrag zutreffend erweiset. Denn, wenngleich der Erbvertrag mit Rücksicht auf seinen Zweck im Allgemeinen vorzugsweise als ein negotium mortis causa angesehen werden kann, so stellt er doch seiner besonderen, gemischten Natur nach ein solches Rechtsgeschäft vor, bei dem nicht nur die Grundsätze letztwilliger Verordnungen, sondern auch die Vertragslehre in maßgebendster Weise zur Anwendung kommen, insofern Jeder, welcher einen Erbvertrag schließen will, ebensowohl mit denjenigen Eigenschaften versehen sein muß, welche zur Abschließung eines Vertrages, als mit denen, welche zur Errichtung eines Testamentes erforderlich sind.

Vergl. §§ 618, 619 Tit. 12 Th. I A. L. R. — Beseler, Erbverträge II, 1 S. 252 ff. System, § 159 B.

Für diese Fälle gewinnt nun die richtige Entscheidung unserer zweiten Theilfrage an hervorragender practischer Bedeutung. Allein auch hier müssen wir vorbehaltlos verneinen, weil wir dem Vormunde die fragliche Ermächtigung, eine durch sein Mündel selbst gegründete Familienfideicommißstiftung vermöge seines Vollwortes zu einer rechtsverbindlichen zu machen, absprechen zu müssen vollen Grund haben.

§ 22. Der zutreffende Beweisgrund ist schon bei Gelegenheit der Erörterungen zur ersten Theilfrage wenigstens andeutungsweise zur Sprache gekommen. Wir haben dort unter III im § 15 aus der sehr präcisen Fassung des § 233, Tit. 18, Th. II, welcher die Stellung des Vormundes zum Pupillenvermögen zwar nur im Allgemeinen, aber doch in sehr scharfer Begrenzung bestimmt, darzuthun versucht, daß der Vormund zu unentgeltlichen Veräußerungen in keinem Falle ermächtigt ist, ja nicht einmal mit obrigkeitlichem Decrete die Macht hat, Schenkungen, welche der Mündel selbst vorgenommen hat, durch seine auctoritas rechtlich wirksam zu machen. Wir dürfen uns bei dieser Gelegenheit nicht versagen, einmal auf das Gemeine Recht zurückzugreifen und zum Zwecke der Beweisführung l. 3 C. si major factus V, 74 zu Hilfe zu nehmen. Dort wird nämlich inhalts der Worte:*) quum autem donationes a minoribus nec cum decreto celebrari possint, als ein allgemein anerkannter Rechtsgrundsatz vorausgesetzt, daß Schenkungen von Minderjährigen nicht einmal mit obrigkeitlichem Alienationsdecrete giltig vollzogen werden können. Nun ist zwar Alles dasjenige, was dem Gemeinen Rechte angehört, laut § I des Publicationspatentes zum Allgemeinen Landrechte aufgehoben. Gleichwohl und ungeachtet der am Schlusse des Publicationspatentes ausgesprochenen Drohung, welche heutzutage wohl schon längst als obsolet gelten mag, wird es in gewissen concreten Fällen nicht nur nicht unzulässig, sondern gradezu geboten erscheinen, auf das Gemeine Recht zurückzugehen, beziehentlich sich bei diesem Raths zu erholen, zumal wenn es sich, wie hier, darum handelt, eine zweifelhafte, streitige Rechtsfrage, für welche das Landrecht auch nicht die geringste, unmittelbar zutreffende Bestimmung gegeben hat, entscheidend zum Austrage zu bringen. Das Zurückgreifen auf das Gemeine Recht wird in solchen Ausnahmefällen schon dadurch hinlänglich gerechtfertigt, daß beinahe alle Institute des Landrechts, und so auch das Institut der Vormundschaft in ihrem innersten Grunde doch auf das Gemeine Recht, diese historische Universalgrundlage fast aller positiven Rechte, als letzte Voraussetzung zurückzuführen, resp. aus demselben bald mit größeren, bald mit geringeren Abweichungen hervorgegangen sind, im Gemeinen Rechte auch die Wurzel zu den Allgemeinen Principien gesucht und gefunden werden muß, welche das Landrecht anerkannt, und als Richtschnur zur Anwendung auf unnormirt gebliebene Fälle ausdrücklich für statthaft erklärt hat,

*) Die interessante Stelle der l. 3 C. si major factus alienationem factam sine decreto ratam habuerit (V, 74) lautet vollständig folgendermaßen: Quum autem donationes a minoribus nec cum decreto celebrari possint, si minor vel post veniam ætatis rem immobilem donationis titulo in alium, excepta propter nuptias donatione, transscripserit, non aliter hoc firmitatem habebit nisi post viginti quinque annos impletos inter præsentes quidem decennium, inter absentes autem vicennium donatore acquiescente effluxerit. Also erst nach erreichter Großjährigkeit und nur durch ein entsprechendes Verhalten des Geschenkgebers selbst konnte ein solcher Schenkungsvertrag unter gewissen Umständen Giltigkeit erlangen.

wie aus § 49 der Einleitung zum A. L. R. in den Worten: „nach den in dem Landrechte angenommenen allgemeinen Grundsätzen" unschwer zu ersehen ist.

Wenn nun das Gemeine Recht den Grundsatz aufgestellt hat, daß Minderjährige, selbst nicht einmal mit obrigkeitlichem Alienationsdecrete Schenkungen giltig vornehmen können, wenn ferner hieraus mit Grund die weitere Regel abgeleitet werden darf, daß auch der Vormund demgemäß nicht ermächtigt erscheint, Schenkungen seines minderjährigen Pflegebefohlenen durch seine auctoritas rechtlich wirksam zu machen, da zur Hervorbringung solcher Wirkung ja nicht einmal das obrigkeitliche Alienationsdecret ausreicht, so müssen wir in Ermangelung einer ausdrücklichen abweichenden Normirung auch für den Geltungsbereich des A. L. R.s ganz die nämlichen Maximen bestehen lassen, zumal, gerade in Ansehung der Stellung des Vormundes zum Pupillenvermögen im Allgemeinen, auch sonst beide Rechte im Wesentlichen fast durchgängig übereinstimmend erscheinen. Das Landrecht hat eben den Grundsatz, daß Minderjährige keine giltigen Schenkungen vornehmen und demgemäß auch die Vormünder Schenkungen ihrer minderjährigen Mündel nicht gutheißen dürfen, für selbstverständlich angesehen und sich darum einer selbstständigen, ausdrücklich hierauf abzielenden Normirung enthalten, mit anderen Worten, das Landrecht hat den beregten Grundsatz des Gemeinen Rechtes stillschweigend recipirt. Steht dies aber einmal fest, wofür auch unsere obige Deduction aus § 233, Tit. 18, Th. II beifällig bestätigend und unterstützend in die Schranken tritt, so muß auch die Beantwortung unserer zweiten Theilfrage dahin,

> daß der Vormund nicht befugt ist, die Stiftung eines Familienfideicommisses Seitens seines Mündels durch sein Vollwort zu einer rechtsverbindlichen zu machen,

damit zugleich für überzeugend dargethan erachtet werden. Denn daß jede Familienfideicommißstiftung, selbst abgesehen von dem Falle, daß die Errichtung zu Gunsten einer anderen, als der eigenen Familie des Mündels erfolgen sollte, immer zugleich eine unentgeltliche Veräußerung involvire, vermeinen wir bereits unter III im § 15 gründlich erwogen und ausführlich gezeigt zu haben. Wir können daher hier nur wiederholt betonen, daß es eben in der Natur und im Wesen jeder Familienfideicommißstiftung liegt, daß der Stifter durch Verwandlung seines Vermögens in Familienfideicommißgut gewisse integrirende Bestandtheile seines früheren uneingeschränkten Eigenthumsrechtes ohne jedes entsprechende Aequivalent d. h. also unentgeltlich aufgiebt, sich enteignet. Auch der Zweck jeder Familienfideicommißstiftung, das Ansehen und den Glanz entweder der eigenen oder auch einer anderen Familie zu erhöhen und möglichst dauernd zu erhalten, verbürgt schon hinlänglich den angedeuteten Charakter der Liberalität, indem gerade durch solchen Zweck schon jede Absicht auf Anspruch einer Entschädigung für das Aufgeben gewisser Eigenthumsbefugnisse von selbst entschieden für ausgeschlossen erachtet werden muß.

Ist aber hiernach in jeder Familienfideicommißstiftung ein Act der Liberalität zu finden, und muß andrerseits der Minderjährige zur Vornahme solcher Rechtshandlungen überhaupt nicht, selbst nicht einmal mit obrigkeitlicher Erlaubniß für befugt erachtet werden, so kann auch der Vormund in keinem Falle gesetzlich für ermächtigt angesehen werden, solchen in der Errichtung eines Familienfideicommisses durch sein Mündel liegenden Act der Liberalität vermöge seines vormundschaftlichen Vollwortes zu einem rechtsverbindlichen zu machen.

Uebrigens läßt sich der oben (§ 20) bezüglich der ersten Theilfrage bereits beigebrachte historische Beweisgrund auch für die hier von uns vertretene negirende Meinung mit Grund geltend machen. Denn wenn die Redactoren des Landrechtes, wie dort ausgeführt worden, es für staatsklug angesehen haben, das Institut der Familienfideicommisse überhaupt, als der Volkswirthschaft nachtheilig, möglichst einzuschränken, gewissermaßen in Fesseln zu schlagen, so kann es unmöglich in ihrer Absicht gelegen haben, die Errichtung von Familienfideicommissen durch Minderjährige mit vormundschaftlicher Genehmigung gesetzlich zu sanctioniren und dadurch die Möglichkeit der Verbreitung, statt einzuengen, noch weiter auszudehnen.

Die Existenz der Familienfideicommisse ist auch in der That nicht durch den Vortheil des Staates bedingt. Denn wenn man bedenkt, daß dieselben blos hauptsächlich dazu bestimmt sind, gewissen Familien zur Erhaltung und Erhöhung des Glanzes und Ansehens Reichthum zu gewähren, und dabei erwägt, daß der Staat an dem Reichthum einiger weniger Familien kein Interesse haben, sondern nur der allgemeine Wohlstand für ihn in Betracht kommen kann, wenn man endlich berücksichtigt, daß der einstmals erhebliche Umstand, vermittelst der Familienfideicommisse dem Erbadel eine würdige Stellung zu bewahren, für die heutigen Verhältnisse nicht mehr maßgebend ist, weil der Adel nicht mehr als wesentlicher Theil des Staates betrachtet werden darf, seine politische Bedeutung vielmehr ganz und gar aufgehört hat: so gelangen wir zu dem folgerichtigen Schlusse, daß heutzutage das Familienfideicommiß nicht mehr als ein durch das Interesse des Staates gebotenes, sondern höchstens nur noch als ein geduldetes Institut bezeichnet werden kann. Es liegt daher ganz in der Natur der Sache, daß der Staat alle diejenigen gesetzlichen Mittel nicht gewährt, welche nur geeignet sein würden, eine größere Verbreitung des volkswirthschaftlich mit Recht gemißbilligten Institutes herbeizuführen.

Eventuelle Frage.

§ 23. Auf den wissenschaftlich gebotenen correcten Pfaden der Wort- und Sach-Analyse sowie der kritischen Beurtheilung aus dem Wesen der zum Grunde liegenden Rechtsinstitute heraus haben wir, dem richtigen Wegweiser der juristischen Hermeneutik folgend und gewissermaßen dem Ariadnefaden einer überzeugungsfähigen Beweisführung durch Rechtsanalogie uns anvertrauend, unsere controverse Hauptfrage aus dem bisherigen, lichtlosen Chaos einer schwankenden, principlosen Praxis, aus dem wirren Labyrinthe unmotivirter Meinungsverschiedenheiten auf den festen Boden einer einheitlichen, grundsatzvollen Entscheidung geleitet, indem wir zu dem klaren, sicheren Resultate gelangt sind, daß nach altländisch-Preußischem Rechte der Vormund in keinem Falle gesetzlich ermächtigt ist, weder selbst aus dem Vermögen seines minderjährigen Pflegebefohlenen ein Familienfideicommiß zu errichten, noch die Errichtung eines solchen Seitens des letzteren durch sein hinzutretendes Vollwort rechtlich giltig und wirksam zu machen.

Die vollständige Lösung unserer Aufgabe erheischt nun noch die sachgemäße Erledigung der gestellten eventuellen Frage:

Welche Formen sind zu beobachten, um eine vom Vormunde aus dem Vermögen seines Mündels errichtete Familienfideicommißstiftung für diesen verbindlich zu machen?

Wir haben bereits in der systematischen Vorbemerkung darauf aufmerksam gemacht, daß diese eventuelle Frage lediglich eine Zusatzfrage sei, welche nur dann inneren Halt habe und practische Bedeutung gewinne, wenn man ihr mit Grund die Annahme unterbreiten könne, daß der Vormund gesetzlich befugt erscheine, aus dem Vermögen seines minderjährigen Pflegebefohlenen ein Familienfideicommiß zu errichten. Sobald diese fragliche vormundschaftliche Befugniß in ihrer Totalität verneint werde, zerfalle auch die Formfrage als müßiges Postulat in ein ödes Nichts, weil sie dann eben in gänzlicher Ermangelung jedes positiven Inhalts und jedes practischen Zweckes auch jeder concreten Realität entbehre und völlig gegenstandslos werde. Unsere bisher gepflogenen Erörterungen haben nun wohl zur Genüge bewiesen, daß dem Vormunde die beregte Befugniß mit Grund abzusprechen sei. Hierdurch erscheint denn nach obigen Ausführungen auch die eventuelle Frage unbedenklich zu Falle gebracht und damit eigentlich ohne den unnöthigen Aufwand einer weiteren Discussion erledigt.

Wir sind jedoch nicht so rigoros gesinnt, für unsere durchgängige Verneinung der principalen Frage, so gern wir dieselbe auch sonst als allgemeine Rechtsregel anerkannt und aufgestellt wissen möchten, in anmaßlicher Ueberschätzung die gewalthaberische Autorität einer privilegirten persönlichen Unfehlbarkeit in Anspruch zu nehmen und mit gesinnungsloser Unnachgiebigkeit behaupten zu wollen. Wir halten es vielmehr im Verzicht auf ein solches Gedankenmonopol entschieden für geboten, die eventuelle Frage auch für den Fall der Würdigung und Berücksichtigung zu unterziehen, daß die streitige vormundschaftliche Befugniß in Wirklichkeit und mit gesetzlicher Anerkennung zu Recht bestünde.

Diesen Fall nun vorausgesetzt, also angenommen, daß der Vormund befugt sei, aus dem Vermögen seines Mündels ein Familienfideicommiß zu errichten, werden zunächst und ganz selbstverständlich alle diejenigen Formen zu beobachten sein, welche das Gesetz überhaupt für jede — auch nicht exceptionelle —

Errichtung einer Familienfideicommißstiftung vorgeschrieben hat. Das Preußische Recht verlangt in dieser Beziehung für Familienfideicommisse folgende Requisite.

Es soll die Verlautbarung und Bestätigung der Fideicommißurkunde vor dem Appellationsrichter desjenigen Bezirks erfolgen, in welchem das zum Fideicommißgut gewidmete Vermögen belegen ist. Vergl. Gesetz vom 5. März 1855. — Die Verlautbarung muß veranlaßt werden entweder vom Stifter selbst oder vom Haupte — Vorsteher — der zum Fideicommisse berufenen Familie. § 30, Tit. 4, Th. II A. L. R. — Durch diese Requisite wird die Giltigkeit der Fideicommißstiftung nicht nur dritten Personen gegenüber, sondern auch in Betreff der Mitglieder der berechtigten Familien selbst bedingt. § 32 a. a. O. Dem Richter steht hierbei eine causae cognitio zu, was nicht sowohl hervorgeht aus § 31 a. a. O., welcher nur dem Richter zur Pflicht macht, für eine möglichst unzweideutige und genaue Fassung der Stiftungsurkunde Sorge zu tragen, eine Obliegenheit, welche auch schon die alte Hypothekenordnung in den §§ 117 bis 123 klar und bestimmt vorgeschrieben hat, — als vielmehr daraus, daß der Richter die Bestätigung nur dann ertheilen darf, wenn das Fideicommiß den gesetzmäßigen Anforderungen durchgehends entspricht. — Soll zu einem Fideicommisse ein Vermögen gewidmet werden, deren jährlicher Reinertrag zehntausend Thaler übersteigt, so ist solches nur mit landesherrlicher Genehmigung zulässig, deren Ertheilung als reine Gnadensache erscheint. § 56 a. a. O. Eine solche Genehmigung ersetzt naturgemäß die gerichtliche, wenn schon das Gericht eine Vorprüfung der Fideicommißstiftung wegen des behufs Einholung der landesherrlichen Erlaubniß abzustattenden Berichtes wird vornehmen müssen. — Soweit die allgemeinen Formerfordernisse. —

§ 24. Außer diesen Requisiten, welche, wie gesagt, bei jeder gewöhnlichen Familienfideicommißstiftung zu beobachten sind, müssen wir jedoch für unseren hier vorliegenden besonderen

Fall der Errichtung eines Familienfideicommisses noch deren nachfolgende Zwei gesetzlich für erforderlich erachten.

1. Wir haben oben mehrfach betont, daß in jeder Errichtung eines Familienfideicommisses immer zugleich eine Veräußerung enthalten sei, und sind auch geeigneten Orts den Beweis hierfür nicht schuldig geblieben. Der Natur der Sache nach ist diese in der Errichtung eines Familienfideicommisses liegende Veräußerung nur in Form einer freiwilligen, subhastationsfreien denkbar. Nun bedarf aber der Vormund behufs subhastationsfreier Veräußerung eines unbeweglichen Pupillengutes in Gemäßheit des § 586, Tit. 18, Th. II A. L. R.s und der nachträglich hierzu ergangenen Bestimmung des § 14 der Verordnung vom 2. Januar 1849 (Gesetz-Samml. S. 1) stets der voraufgehenden, durch Collegialbeschluß zu bewirkenden Genehmigung des vormundschaftlichen Gerichtes, wenn die gedachte Veräußerung überhaupt Giltigkeit erlangen soll. Auch ist in diesem Falle das Vorhandensein einer aufgenommenen Taxe ein dergestalt nothwendiges Erforderniß, daß ohne solche des genehmigenden Collegialbeschlusses ungeachtet die Veräußerung eines Pupillengutes nichtig bleibt, weil ohne Taxe nicht hinlänglich ersichtlich gemacht ist, daß das Vormundschaftscollegium die Zweckmäßigkeit der Veräußerung einer gewissen Prüfung unterwerfen und richtig habe beurtheilen können.

Vergl. Bescheid des Justiz-Minist. vom 24. August 1816 (Jahrb. Bd. 8, S. 9). — Erk. des Obertr. vom 28. Juni 1852 (Arch. f. Rechtsf. Bd. 5, S. 327).

Mit Bezug auf das hervorgehobene charakteristische Merkmal der Veräußerung, welches jeder Errichtung eines Familienfideicommisses eigen ist, wird daher auch für letztere in unserem Falle die vorgängige Einholung des obervormundschaftlichen Alienationsdecretes auf Grund einer vorzulegenden jüngsten Taxe der betreffenden Pupillengüter als ein unerläßliches Erforderniß aufgestellt werden müssen. — An diesem nothwendigen Requisite muß auch für den Fall festgehalten werden, daß der Vormund mit gesetzlicher Zulässigkeit von der obrigkeitlichen Aufsicht entbunden worden. Denn inhalts der §§ 686, 687 Tit. 18, Th. II A. L. R.s muß auch der befreite Vormund, wenn unbewegliche Güter der Pflegebefohlenen veräußert werden sollen, dem vormundschaftlichen Gerichte davon Anzeige machen und rücksichtlich der nach den Gesetzen zu bestimmenden Art der Veräußerung dessen Genehmigung einholen. Die Giltigkeit der Veräußerung selbst ist auch in diesem Falle durch die Genehmigung des vormundschaftlichen Gerichtes dergestalt bedingt, daß bei dem Mangel derselben der Käufer kein Recht auf die Sache oder zur Sache aus dem Contracte erwirbt, vielmehr die übergebene Sache vindizirt werden kann.

Vergl. Erkenntnisse d. Obertr. vom 8. November 1850 und vom 8. October 1856. (Entsch. Bd. 33, S. 445.) — Siehe auch Dr. Lewis, das Recht des Familienfideicommisses, Berlin, 1868. § 3, S. 37.

2. In Gemäßheit des § 560, Tit. 18, Th. II A. L. R.s soll derjenige Pflegebefohlene, welcher das achtzehnte Jahr zurückgelegt hat, in allen Fällen, wo eine Veräußerung unbeweglicher Güter des bloßen Nutzens wegen erfolgen soll, mit seiner Erklärung vernommen werden, und laut § 561 a. a. O. kann die Veräußerung dann nicht stattfinden, wenn ein solcher Pflegebefohlener derselben widerspricht. — Die Errichtung eines Familienfideicommisses ist immer Sache des freien Willens. Eine unfreiwillige, nothwendige Errichtung in dem gleichen Sinne, wie man von Zwangsverkäufen oder nothwendigen Subhastationen redet, kennt das Preußische Recht nicht, ist überhaupt ein juristisches Unding. Der Natur der Sache nach kann daher die in der Errichtung eines Familienfideicommisses liegende Veräußerung auch nur als eine nützliche im Sinne des allegirten § 560 und nicht als eine nothwendige aufgefaßt werden, da der richtigen Interpretation nach nur dieser Gegensatz hat markirt werden sollen, und also eine dritte Alternative ausgeschlossen erscheint. Es wird demgemäß in unserem Falle derjenige Pflegebefohlene,

welcher das achtzehnte Jahr bereits vollendet hat, stets mit seiner Erklärung darüber gehört werden müssen, ob er mit der Errichtung eines Familienfideicommisses aus seinem Vermögen einverstanden sei, und erst von der demnächst erfolgenden Einwilligung eines solchen Pflegebefohlenen wird auch die Giltigkeit der durch den Vormund zu errichtenden Fideicommißstiftung abhängig sein. — Dies Verfahren ist unumgänglich; der Widerspruch des Pflegebefohlenen wirkt hier unbedingt hindernd. Auch die obervormundschaftliche Genehmigung kann diese Wirkung nicht paralysiren und etwan das Ja des nicht gehörten Pflegebefohlenen suppliren; denn der Vormundschaftsbehörde ist hier jede Autorität genommen, für den Pflegebefohlenen zu sprechen. Der Pflegebefohlene selbst muß gehört worden sein und eingewilligt haben.

Vergl. Koch, Commentar Note 90 zu § 560 cit. Siehe auch Bescheid des Justiz-Minist. vom 10. September 1821 (Jahrb. Bd. 18, S. 28).

Sind diese Formen sämmtlich beobachtet, so wird auch der Pflegebefohlene, aus dessen Vermögen der Vormund ein Familienfideicommiß errichtet, hierdurch in Ansehung der Stiftung hinlänglich und wirksam für gebunden angesehen werden müssen, sofern eben, was wir verneint haben, die fragliche Errichtung durch den Vormund überhaupt gesetzlich für zulässig befunden werden kann.

Hiermit hoffen wir, unserer Aufgabe im Großen und Ganzen annähernd gerecht geworden zu sein. Wir haben die Hauptfrage in ihren beiden nothwendigen Theilen, sowie die eventuelle Frage nach den verschiedenen, sich bietenden Gesichtspunkten einer genauen Prüfung und gründlichen Besprechung unterworfen. Ohne uns in dem schmeichelnden Bewußtsein wiegen zu wollen, den vorhandenen Stoff völlig erschöpft zu haben, können wir doch mit gutem Gewissen versichern, daß wir mit bester vorurtheilsfreier Einsicht und Unbefangenheit zu Werke gegangen sind. Indem hiermit die Arbeit dem lesenden Publicum überliefert wird, möchten wir dieselbe insbesondere einer angemessenen Beachtung Seitens unserer Fachgenossen empfohlen haben. Möge ihr dort eine wohlwollende Aufnahme und nachsichtige Beurtheilung zu Theil werden!

Druck von R. Rothe in Neurode.

FSC
www.fsc.org
MIX
Papier | Fördert gute Waldnutzung
FSC® C083411

Kolibri 360 GmbH
Ferdinand-Jühlke-Straße 7
99095 Erfurt, Deutschland
produktsicherheit@kolibri360.de